映画《えいが》妖怪《ようかい》ウォッチ®
FOREVER FRIENDS
フォーエバーフレンズ

家《か》族《ぞく》を失《うしな》った3人《にん》の少《しょう》年《ねん》と少《しょう》女《じょ》。

私《わたし》たち、どうしたらいいの？
妖《よう》怪《かい》!?
俺《おれ》の姉《ねえ》ちゃんも、シンの母《かあ》ちゃんも、魂《たましい》を連《つ》れていかれたんだ。悪《わる》い妖《よう》怪《かい》に。
こいつらの力《ちから》を使《つか》って、魂《たましい》を取《と》り戻《もど》す！

新《あら》たな仲《なか》間《ま》とともに、

愛《あい》する家《か》族《ぞく》のため、

未《み》知《ち》なる冒《ぼう》険《けん》へ――

妖《よう》魔《ま》界《かい》で捕《と》らわれた3人《にん》は、
これは親《おや》子《こ》の問《もん》題《だい》だ。
閻《えん》魔《ま》大《だい》王《おう》
ぬらりひょん
親《おや》子《こ》…？
私《わたし》が新《あら》たな閻《えん》魔《ま》大《だい》王《おう》となるのだ。
閻《えん》魔《ま》大《だい》王《おう》の息《むす》子《こ》
紫《し》炎《えん》
生《い》きて帰《かえ》れると思《おも》うな！
玉《たま》藻《も》前《まえ》

人間《にんげん》…。何《なに》を企《たくら》んでいる…？
エンマ武闘会《ぶとうかい》に出《で》ることに！
あいつが紫炎《しえん》か…。
みんなと一緒《いっしょ》なら、絶対《ぜったい》にできる！
お前《まえ》たちを守《まも》れるなら、
俺《おれ》に悔《く》いはない！

何《なに》があっても、この友情《ゆうじょう》は忘《わす》れない――。

映画　妖怪ウォッチ
FOREVER FRIENDS

松井香奈／著
日野晃博／製作総指揮／原案・脚本

★小学館ジュニア文庫★

——人《ひと》はみな、なにかに見守《みまも》られているという。

それは『強《つよ》く勇猛《ゆうもう》なる者《もの》』か、『おだやかな癒《いや》しを与《あた》えし者《もの》』か、はたまた『不幸《ふこう》をもたらす邪悪《じゃあく》なる者《もの》』か……。

守護者《しゅごしゃ》によって、その者《もの》の運命《うんめい》は大《おお》きく左右《さゆう》されてしまうのじゃ。

はたして、お前《まえ》のうしろにいる者《もの》は、誰《だれ》なのであろうかのう……？

プロローグ

——現代《げんだい》、クリスマス・イブの東京《とうきょう》さくら元町《もとまち》。

クリスマスムード一色《いっしょく》でにぎわう町《まち》に、雪《ゆき》がちらついている。ショーウィンドーにはサンタクロースの飾《かざ》りつけ、広場《ひろば》の木々《きぎ》をいろどるイルミネーション、人々《ひとびと》にも笑顔《えがお》があふれている。でも、町中《まちなか》から少《すこ》し離《はな》れたところにある出逢頭大橋《であいがしらおおはし》には人気《ひとけ》がなく、雪《ゆき》がうっすらと積《つ》もりはじめていた。石《いし》でできたその橋《はし》に、一台《いちだい》の黒《くろ》い車《くるま》がやってきて止《と》まった。

うしろの席《せき》に座《すわ》っていた白髪頭《しらがあたま》のおじいさんが、隣《となり》に座《すわ》るおばあさんに声《こえ》をかける。

「外《そと》は寒《さむ》い。お前《まえ》は中《なか》で待《ま》ちなさい」

運転手《うんてんしゅ》がさっとドアを開《あ》け、おじいさんは杖《つえ》をつきながら外《そと》に出《で》る。口元《くちもと》にヒゲを生《は》やし、あたたかそうなロングコートに身《み》をつつみ、白《しろ》い息《いき》をはいて空《そら》を見上《みあ》げる。

「ふぅ……」

運転手《うんてんしゅ》の男《おとこ》が、おじいさんに傘《かさ》をさしかけながら、しんしんと降《ふ》る雪《ゆき》を見《み》て心配《しんぱい》そうに言《い》う。

「会長《かいちょう》、今夜《こんや》はお車《くるま》の中《なか》で待《ま》たれては？」

「いや、大丈夫《だいじょうぶ》だ。今年《ことし》でもう60年《ねん》か……私《わたし》は、親友《しんゆう》に見放《みはな》されてしまったのかもしれんのう……」

「子供《こども》のころの約束《やくそく》なのですから、もし覚《おぼ》えていなくても、しかたありませんよ」

すると、おじいさんの手《て》の上《うえ》にひとひらの雪《ゆき》が舞《ま》い落《お》ち、はかなく消《き》えた。

「……それも、そうだな」

おじいさんは、消《き》えてしまった雪《ゆき》のあとをさびしげに見《み》つめた。そして、運転手《うんてんしゅ》から傘《かさ》を受《う》け取《と》り、ひとり橋《はし》の上《うえ》をゆっくりと歩《ある》きはじめた。そして、車《くるま》から少《すこ》し離《はな》れた場所《ばしょ》で立《た》ち止《ど》まると、手《て》すりにつかまって川《かわ》の方《ほう》を見下《みお》ろし、誰《だれ》かに語《かた》りかけるように話《はな》しはじめる。

「……ここに来《く》るのも、今年《ことし》が最後《さいご》だ。先日《せんじつ》、少々《しょうしょう》たちの悪《わる》い病《やまい》が見《み》つかってな……どうやら、これ以上《いじょう》は待《ま》てんようだ」

おじいさんはさびしそうな笑《え》みを浮《う》かべ、また歩《ある》きだす。

「思《おも》えばあの日《ひ》、ここに来《き》ていなければ、今《いま》の私《わたし》はなかったな」

そう言《い》って、なつかしそうに橋《はし》の手《て》すりから伸《の》びる外灯《がいとう》にふれる。

「そう。すべてはここからはじまった……そうだろ?」

しばらくすると、すっかり日《ひ》が暮《く》れ、外灯《がいとう》がともりはじめた。雪《ゆき》はさっきよりも少《すこ》し強《つよ》くなって、手《て》すりにも積《つ》もってきている。おじいさんは、ずっと橋《はし》の上《うえ》に立《た》ってなにかを待《ま》ちつづけていたが、とうとうあきらめて大《おお》きくひとつ息《いき》をつくと、誰《だれ》にも聞《き》こえないくらいのかすかな声《こえ》で、別《わか》れの言葉《ことば》をつぶやく。

「じゃあな……」

ゆっくりと車《くるま》の方《ほう》に向《む》きを変《か》え、歩《ある》き出《だ》そうとしたそのときだった。生《なま》ぬるい風《かぜ》がすーっと吹《ふ》き抜《ぬ》け、空中《くうちゅう》で雪《ゆき》の結晶《けっしょう》がキラキラと輝《かがや》きはじめた。おじいさんは、ゆっくりと川《かわ》のほうをふり返《かえ》った。まるでオーロラのような神々《こうごう》しい光《ひかり》を帯《お》びた水面《みなも》に、雪《ゆき》の結晶《けっしょう》がきらめきながら降《ふ》り注《そそ》いでいる。

「……！」

それはそれは美《うつく》しくて幻想的《げんそうてき》な光景《こうけい》に、おじいさんは目《め》を見張《みは》った。

「おぉ……おおぉ……」

その目《め》に、自然《しぜん》と涙《なみだ》がにじんでくる。

「待《ま》たせおって……」

そのとき、おじいさんの瞳《ひとみ》に、きらめくなにかが映《うつ》りこんだ。

第《だい》1章《しょう》　別《わか》れと出会《であ》い

1　とつぜんの別《わか》れ

——これは、みんなのおじいさんやおばあさんが、まだ子供《こども》だったころのお話《はなし》。

今《いま》とはちがって、通《とお》りには路面電車《ろめんでんしゃ》が走《はし》り、川《かわ》には渡《わた》し船《ぶね》が行《い》ったり来《き》たりしている。

マンションのような高《たか》い建物《たてもの》はなくて、小《ちい》さな二階家《にかいや》が建《た》ちならぶせまい路地《ろじ》で、みんながひしめき合《あ》うように暮《く》らしていた。


現代《げんだい》と同《おな》じように、さくら元町《もとまち》に雪《ゆき》が降《ふ》った翌朝《よくあさ》のことだ。

下町《しもまち》シンは、11歳《さい》の男《おとこ》の子《こ》。雪《ゆき》の積《つ》もった町《まち》をピョンピョンと跳《は》ねまわりながら、新聞《しんぶん》配達《はいたつ》をしている。「おはよ〜、タマ公《こう》！」駅前《えきまえ》の広場《ひろば》にある猫《ねこ》の銅像《どうぞう》にも元気《げんき》よくあいさつをする。

そんなシンのうしろを、いつもついてくる小《ちい》さな影《かげ》。それは、よれよれでボロボロのよろいかぶとをまとった落《お》ち武者《むしゃ》のような姿《すがた》をしているが、シンには見《み》えていないようだ。

シンは、『高城《たかしろ》』という表札《ひょうさつ》の家《いえ》の前《まえ》まで来《く》ると、ポストに新聞《しんぶん》を入《い》れた。

「よっし、今日《きょう》も終《お》わりー！」

伸《の》びをしながら、目《め》の前《まえ》のお屋敷《やしき》を見上《みあ》げる。大《おお》きな庭《にわ》のあるかっこいい洋館《ようかん》だ。

「でも、いつ見《み》てもすげ〜家《いえ》だな。母《かあ》ちゃんが元気《げんき》になって、いつかこんな家《いえ》に住《す》めたらいいなぁ」

配達所《はいたつじょ》に戻《もど》り、今日《きょう》の分《ぶん》のお給料《きゅうりょう》を受《う》け取《と》ると、シンは、駅前《えきまえ》の『大判焼《おおばんや》きのタマ屋《や》』で大判焼《おおばんや》きを買《か》った。焼《や》きたての大判焼《おおばんや》きの袋《ふくろ》はホカホカして、甘《あま》く香《こう》ばしい匂《にお》いがする。

それから薬局《やっきょく》に寄《よ》って、新発売《しんはつばい》の『強心《きょうしん》』という薬《くすり》を買《か》って、家《いえ》に帰《かえ》った。

「ただいま〜！」

シンは、ひと部屋《へや》しかない小《ちい》さな家《いえ》にお母《かあ》さんとふたりで暮《く》らしている。ふとんに寝《ね》ていたお母《かあ》さんが、体《からだ》を起《お》こしてシンをむかえる。

「おかえり、シン」

「ほらもう、母《かあ》ちゃん。起《お》きなくていいから」

そう言《い》いながら、部屋《へや》のすみに置《お》いてある段《だん》ボールの中《なか》をのぞいて、

「ノロもただいま」

と、飼《か》っている小《ちい》さな亀《かめ》のノロにも声《こえ》をかけた。母《はは》のまくら元《もと》に座《すわ》ると、買《か》ってきたばかりの薬《くすり》を見《み》せる。

「母《かあ》ちゃん、これ見《み》て！　新発売《しんはつばい》のやつなんだ。きっと、すげー効《き》くよ！　それとさ、母《かあ》ちゃんの好《す》きな大判焼《おおばんや》きも買《か》ってきた。あそこは、いつ行《い》っても混《こ》んでて……」

すると、お母《かあ》さんはいきなりシンを抱《だ》き寄《よ》せた。

「うわっ！」

「ごめんね、シン。つらい思《おも》いばかりさせちゃって……」

シンは明《あか》るくふるまっているけれど、本当《ほんとう》はほかの子供《こども》たちみたいに遊《あそ》びたいだろう。

文句《もんく》ひとつ言《い》わずに自分《じぶん》のために一生懸命《いっしょうけんめい》なシンを見《み》ていると、お母《かあ》さんは、愛《いと》しいのと同時《どうじ》に、とてもつらくなった。

「なに言《い》ってんだ。オレはちっともつらくなんかないよ」

シンは、お母《かあ》さんの手《て》をにぎってやさしく答《こた》えると、近《ちか》くにある写真《しゃしん》を見《み》た。シンが小《ちい》さいときに亡《な》くなってしまったお父《とう》さんの写真《しゃしん》だ。写真《しゃしん》の中《なか》で、お父《とう》さんは剣道《けんどう》の稽古着《けいこぎ》を着《き》て、竹刀《しない》を手《て》に笑顔《えがお》を見《み》せている。

「父《とう》ちゃんだって言《い》ってたんだろ？『なにごとも気《き》のもちよう、強《つよ》く願《ねが》えばきっと叶《かな》う』ってさ。まあ、オレは父《とう》ちゃん覚《おぼ》えてないけど……」

「シン……」

シンは、お母《かあ》さんを元気《げんき》づけたくて、ニッコリとほほ笑《え》んだ。

それから、シンは食事《しょくじ》の支度《したく》をして、お母《かあ》さんのもとまで運《はこ》ぶ。ずっとシンから離《はな》れない落《お》ち武者《むしゃ》は、今《いま》もシンの近《ちか》くで、ノロをつついて遊《あそ》んでいる。

「今日《きょう》は母《かあ》ちゃんの好《す》きなたまご焼《や》きだよ」

「ありがとね、シン。でも授業《じゅぎょう》はちゃんと、ついていけてるのかい？　新聞配達《しんぶんはいたつ》がいそがしくて、勉強《べんきょう》してる時間《じかん》ないんじゃ……」

「大丈夫《だいじょうぶ》、大丈夫《だいじょうぶ》。オレ、これでもけっこう頭《あたま》いいんだよ」

「もうシンったら。来月《らいげつ》から、母《かあ》ちゃん働《はたら》けるから、配達《はいたつ》の仕事《しごと》は減《へ》らしておくれよ」

「はーい。わかったから、冷《さ》めないうちに食《た》べてよ。いっただきまーす」

シンは元気《げんき》よく手《て》を合《あ》わせて、おいしそうに山盛《やまも》りのごはんを食《た》べはじめた。お母《かあ》さんは、そんなシンを見《み》て幸《しあわ》せそうにほほ笑《え》んだ。

が、次《つぎ》の瞬間《しゅんかん》……。

お母《かあ》さんの背後《はいご》にとつぜん不気味《ぶきみ》な黒《くろ》いもやが現《あらわ》れて、背中《せなか》から体《からだ》の中《なか》へ入《はい》ってしまった。

「うぐっ!!　ああっ！」

急《きゅう》に苦《くる》しみはじめたお母《かあ》さんに、シンはおどろいて声《こえ》をかける。

「母《かあ》ちゃん、どうしたんだ!?」

「ぐるるる……」

お母《かあ》さんは、まるで獣《けもの》みたいに低《ひく》くうなっている。

「え……？」

わけがわからず、おろおろするシンの前《まえ》で、お母《かあ》さんは雄《お》たけびをあげて立《た》ち上《あ》がった。

「ぎええええ――!!」

体《からだ》を思《おも》いきりのけぞらすお母《かあ》さんを、シンはおびえて見上《みあ》げる。

「母《かあ》ちゃん……!?」

落《お》ち武者《むしゃ》も異変《いへん》に気《き》づき、おどろいている。

「!?」

お母《かあ》さんは猛《もう》スピードでかけ出《だ》すと、そのまま玄関《げんかん》の戸《と》をぶち破《やぶ》った。

「ぐぎゃあああ！」

人間《にんげん》のものとは思《おも》えない叫《さけ》び声《ごえ》をあげながら走《はし》るお母《かあ》さんを、シンは必死《ひっし》に追《お》いかける。

「母《かあ》ちゃん！　ちょっと待《ま》って――!!」

そして、角《かど》を曲《ま》がったとき、大通《おおどお》りに飛《と》び出《だ》すお母《かあ》さんの姿《すがた》が見《み》えた。

「！！！」

シンは、お母《かあ》さんを止《と》めるため、腕《うで》を目《め》いっぱい伸《の》ばす。だが……。

キイイイイ――――ッ!!

車《くるま》の急《きゅう》ブレーキの音《おと》がひびいた……。お母《かあ》さんはふっといつもの顔《かお》に戻《もど》り、シンを見《み》た。

ドッスン!!

しかし、そのすぐあとに、にぶい音《おと》を立《た》てて、車《くるま》にはね飛《と》ばされてしまった……。

「……」

シンは目《め》の前《まえ》で起《お》きたことが信《しん》じられず、しばらくの間《あいだ》、ぼうっと立《た》ち尽《つ》くしていた。

「……」

倒《たお》れたまま動《うご》かないお母《かあ》さんのほうに、ふらふらと近《ちか》づいていく。

「ウソ……ウソ……なんで……？　母《かあ》ちゃん、しっかりして!!　母《かあ》ちゃん、母《かあ》ちゃん!!」

シンの悲鳴《ひめい》があたりにひびく。

「救急車《きゅうきゅうしゃ》！　お願《ねが》い、誰《だれ》か早《はや》く!!」

シンは、お母《かあ》さんの体《からだ》にすがりついた。そのとき、空《そら》に不思議《ふしぎ》な黒《くろ》いものがもやもやと生《う》まれ、恐《おそ》ろしいなにかが、光《ひかり》になったシンのお母《かあ》さんの魂《たましい》を食《く》らい、飲《の》みこんでしまった……。

そこから少《すこ》し離《はな》れたところで、ひとりの男《おとこ》の子《こ》が、けわしい顔《かお》ですべてを見《み》ていた。

お母《かあ》さんの笑顔《えがお》の写真《しゃしん》の前《まえ》で、線香《せんこう》がたかれている。せまい家《いえ》のまん中《なか》にしかれたふとんの上《うえ》に、お母《かあ》さんは寝《ね》かされていた。シンが帰《かえ》ってきても、もう起《お》きることはない。その体《からだ》は冷《つめ》たく、顔《かお》には白《しろ》い布《ぬの》がかけられている。

シンは、まくら元《もと》に正座《せいざ》をして、ぎゅっとこぶしをにぎった。お葬式《そうしき》の準備《じゅんび》をしに来《き》てくれた近所《きんじょ》の人《ひと》たちや、役所《やくしょ》の人《ひと》の言葉《ことば》に、シンはひと言《こと》も答《こた》えることなく、じっと一点《いってん》を見《み》つめていた。

みんなが帰《かえ》っても、しばらくの間《あいだ》、シンは黙《だま》ったままお母《かあ》さんのかたわらに座《すわ》っていた。

「…………」

冷《つめ》たく静《しず》まり返《かえ》っている部屋《へや》の中《なか》で、シンがようやく口《くち》を開《ひら》く。

「うっ、うう……ねえ、なんで飛《と》び出《だ》しちゃったの……？　たまご焼《や》きだって焼《や》いたし、薬《くすり》だってちゃんと買《か》っただろ……オレとの暮《く》らし、そんなにつらかったのか……」

涙《なみだ》がシンのほおをつたい、ポロポロと座《すわ》っているひざの上《うえ》に落《お》ちる。

「……オレ、わかんなくて……そういうの、わかんなくて……ごめん……なさい、ごめんなさい、ごめんなさい……でもね……でもね、なんでっ!!　どうしてオレを置《お》いてったんだよ!!　ふざけんなよ、母《かあ》ちゃん!　ふざけんなっ!!」

シンは、お母《かあ》さんにすがって、わぁっと思《おも》いきり声《こえ》を出《だ》して泣《な》いた。

「バカヤローッ!!　うわぁぁぁんっ!!」

その声《こえ》は、怒《おこ》っているけど、とても悲《かな》しい声《こえ》で、家《いえ》の外《そと》にまでひびき渡《わた》った。

2　仲間《なかま》との出会《であ》い

翌朝《よくあさ》、シンは町《まち》はずれの川《かわ》に行《い》くと、そこで亀《かめ》のノロを川《かわ》に放《はな》してやった。ノロは、シンをふり返《かえ》りつつも、やがて川《かわ》の中《なか》へともぐっていった。

「……」

シンは、無言《むごん》でノロを見送《みおく》ると、力《ちから》なくうつむいたまま歩《ある》き出《だ》した。その様子《ようす》を、落《お》ち武者《むしゃ》が心配《しんぱい》そうに見《み》ている。

シンは靴《くつ》を脱《ぬ》いで、出逢頭大橋《であいがしらおおはし》の手《て》すりに上《のぼ》って川《かわ》を見下《みお》ろした。落《お》ち武者《むしゃ》は、シンの足《あし》もとで懸命《けんめい》に止《と》めるが、その手《て》はシンの体《からだ》をすり抜《ぬ》けてしまう。

シンは、ゆっくりと顔《かお》を上《あ》げ、笑《え》みを浮《う》かべた。

「母《かあ》ちゃん……今《いま》、行《い》くよ……」

そう言《い》って、少《すこ》しずつ足《あし》を手《て》すりの前《まえ》の方《ほう》に出《だ》し、ゆっくりと体《からだ》を前《まえ》に倒《たお》す。そして、ついに足《あし》が手《て》すりから離《はな》れようとしたときだった。誰《だれ》かの手《て》が服《ふく》のすそを力強《ちからづよ》くつかんで、シンを橋《はし》のほうに引《ひ》き戻《もど》した。

「うわっ!!」

シンはバランスを崩《くず》して、手《て》すりから落《お》っこちると、尻《しり》もちをついた。

「うぅ……だ、誰《だれ》だ!?」

「死《し》んでも母《かあ》ちゃんには会《あ》えないぜ」

「なに!?」

シンの命《いのち》を助《たす》けたのは、シンと同《おな》い年《どし》くらいの少年《しょうねん》だった。黒《くろ》いセーターを着《き》ていて、クールで大人《おとな》っぽい雰囲気《ふんいき》だ。

「死《し》んだ者《もの》が行《ゆ》く先《さき》は、それぞれちがうからな。天国《てんごく》か地獄《じごく》か、それとも生《う》まれ変《か》わるのか。そいつの生《い》き方《かた》しだいだ」

少年《しょうねん》は、尻《しり》もちをついているシンに手《て》を差《さ》しのべる。

「……」

シンは、ムッとしてその手《て》を払《はら》う。

「死《し》んだこともないくせに！　テキトーなこと言《い》うな！」

シンは怒《おこ》っているのに、少年《しょうねん》はなぜか笑《わら》い出《だ》した。

「ははははっ。確《たし》かにな、死《し》ななきゃわかんねえよな」

そして、ふいに真剣《しんけん》な顔《かお》になって言《い》う。

「だからって、命《いのち》を粗末《そまつ》にするな」

「……フンッ！」

シンは素直《すなお》になれなくて、つい少年《しょうねん》に背《せ》を向《む》けてしまう。

「それより、俺《おれ》と一緒《いっしょ》に犯人《はんにん》さがさないか？」

「犯人《はんにん》……？」

「お前《まえ》の母《かあ》ちゃんや、俺《おれ》の姉《ねえ》ちゃんを殺《ころ》した犯人《はんにん》だ」

少年《しょうねん》は、シンの横《よこ》に座《すわ》ると、きっぱりと言《い》った。

「お前《まえ》の姉《ねえ》ちゃん……!? え、でも、母《かあ》ちゃんは車《くるま》に……」

シンのお母《かあ》さんは、自分《じぶん》で車《くるま》の前《まえ》に飛《と》び出《だ》した。犯人《はんにん》なんていないはずだけど……。

「……仕組《しく》まれていたのさ。すべては妖怪《ようかい》のしわざだ！」

「よ……妖怪《ようかい》～!?」

いきなり変《へん》なことを言《い》われて、シンは目《め》を丸《まる》くした。

「そんなバカなこと……」

そう言《い》いかけて、思《おも》い出《だ》したようにハッとする。

「そ、そういえば……あのとき、なにかにとりつかれたようだった……まさか、ホントに……」

少年《しょうねん》は、シンに手《て》を差《さ》し出《だ》した。

「俺《おれ》はイツキ、よろしく」

「オレ、シン……」

差《さ》し出《だ》された手《て》をどうしてよいかわからず、シンがぽかんとして見《み》ていると、イツキと名乗《なの》った少年《しょうねん》が、シンの手《て》を無理《むり》やり取《と》って握手《あくしゅ》をした。

「ほら、よろしくな！」

「う、うん……」

シンとイツキは、橋《はし》の近《ちか》くにある階段《かいだん》をおりて川辺《かわべ》に出《で》た。反対《はんたい》の岸《きし》では、シンを助《たす》けようとして川《かわ》に落《お》ちてしまった落《お》ち武者《むしゃ》が、川《かわ》からあがり、ノロをなでている。

イツキは、〝犯人《はんにん》〟について、これまで調《しら》べたことをシンに話《はな》した。

「そいつは証拠《しょうこ》を残《のこ》さない。人《ひと》にとりつき、中《なか》から操《あやつ》って魂《たましい》をうばう。だから、お前《まえ》の母《かあ》ちゃんも、俺《おれ》の姉《ねえ》ちゃんも、事故《じこ》ってことにされた。大人《おとな》は信《しん》じちゃくれない。俺《おれ》たちで犯人《はんにん》をさがすしかないんだ！」

「犯人《はんにん》をやっつけたら、母《かあ》ちゃんにまた会《あ》えるの？」

「ああ、会《あ》えるさ。そいつをやっつけて魂《たましい》を取《と》り戻《もど》せば、みんな生《い》き返《かえ》るんだ！」

イツキは大《おお》きくうなずく。シンと同《おな》じくらいの年《とし》なのに、かなり頼《たの》もしい。

「生《い》き返《かえ》る……生《い》き返《かえ》るの⁉　母《かあ》ちゃん、ホントに生《い》き返《かえ》るの⁉」

シンは興奮《こうふん》してイツキの肩《かた》をゆすった。イツキはキリッとした顔《かお》で笑顔《えがお》を見《み》せる。

「ああ！　だから、最後《さいご》まで投《な》げんな！　人生《じんせい》、まだまだ捨《す》てたもんじゃねえ！」

「うん…うん…」

シンはうれしくて、なん度《ど》もうなずいた。母《かあ》ちゃんが生《い》き返《かえ》る……そう思《おも》っただけで、鼻《はな》の奥《おく》がツンとして目《め》に涙《なみだ》がにじんだ。

そのとき、パチッと小枝《こえだ》をふむ音《おと》が聞《き》こえた。

「誰《だれ》だ⁉　出《で》てこい！」

イツキが強《つよ》く言《い》うと、橋《はし》を支《ささ》える太《ふと》い柱《はしら》の陰《かげ》から女《おんな》の子《こ》がひとり出《で》てきた。

「あのぉ……」

髪《かみ》にピンクのリボンをつけて、胸《むね》に星形《ほしがた》のブローチをつけたその女《おんな》の子《こ》は、気弱《きよわ》そうな小《ちい》さな声《こえ》で言《い》った。

「お前《まえ》、なに立《た》ち聞《ぎ》きしてんだよ！」

つめ寄《よ》ってくるイツキに、女《おんな》の子《こ》は完全《かんぜん》にビビって後《あと》ずさる。

「あ……えっ、それは……その……お、教《おし》えようと思《おも》って……その人《ひと》のうしろに……」

「え……？」

女《おんな》の子《こ》が指《ゆび》さしたのは、イツキではなくシンのほうだった。

「うしろってどういうこと⁇」

シンはキョロキョロと自分《じぶん》の背中《せなか》のほうを見《み》る。そこには落《お》ち武者《むしゃ》がいるが、シンには見《み》えていない。イツキが尋《たず》ねる。

「お前《まえ》、なにか見《み》えるのか？」

「うん。そこに……この子《こ》はたぶん……」

女《おんな》の子《こ》は落《お》ち武者《むしゃ》をじっと見《み》る。落《お》ち武者《むしゃ》はきんちょうして、汗《あせ》をたらす。

「霊《れい》、かな……」

「ええ――⁉」

おどろいているシンの横《よこ》で、イツキが女《おんな》の子《こ》に尋《たず》ねる。

「おい、お前《まえ》はいったい……？」

「私《わたし》、タエ。霊《れい》とか妖怪《ようかい》とか、いろいろ見《み》えるんだ」

「妖怪《ようかい》!?」

「で？　こいつにはどんなのがついてる？」

「うーん……こんなの！」

イッキの質問《しつもん》に、女《おんな》の子《こ》は、近《ちか》くに落《お》ちていた枝《えだ》で地面《じめん》に絵《え》を描《か》いて見《み》せた。へんてこな宇宙人《うちゅうじん》みたいな絵《え》を見《み》て、イッキが冷《さ》めた口調《くちょう》で言《い》う。

「お前《まえ》、ナメてるだろ…」

でも、シンは目《め》をキラキラさせて、タエの下手《へた》な絵《え》を見《み》ている。

「カブトガニ妖怪《ようかい》！」

イッキが思《おも》いついたようにつづける。

「あ、もしかして、こいつが魂《たましい》をうばった妖怪《ようかい》……？」

全力《ぜんりょく》で首《くび》を横《よこ》にふる落《お》ち武者《むしゃ》を見《み》て、タエが答《こた》える。

「なんか、本人否定《ほんにんひてい》してるし。たぶん、守護霊《しゅごれい》かな……」

今度《こんど》は、落《お》ち武者《むしゃ》がなん度《ど》もうなずく。

「守護霊《しゅごれい》？　こんなのがー??」

イツキの言葉《ことば》に、落《お》ち武者《むしゃ》はガーンッとなって頭《あたま》を抱《かか》える。シンが、イツキに言《い》う。

「まあそれより、早《はや》く魂《たましい》を取《と》り戻《もど》そうよ！」

「そうだな！　今《いま》は妖怪退治《ようかいたいじ》が先《さき》だ！　タエだっけ？」

イツキがタエのほうを見《み》る。

「霊《れい》が見《み》えるんだよな。一緒《いっしょ》に来《こ》い！」

「え…あ、うん」

タエはイツキの勢《いきお》いに押《お》されて、こくりとうなずく。

「俺《おれ》たちは妖怪《ようかい》と戦《たたか》う同志《どうし》だ！」

イツキが手《て》を差《さ》し出《だ》す。

「うん！」

シンが、イツキの手《て》に手《て》を重《かさ》ねる。

「えーっと、はい！」

タエも、ふたりの手《て》の上《うえ》に手《て》を重《かさ》ねた。イツキが力強《ちからづよ》く言《い》う。

「よしっ！　妖怪《ようかい》を倒《たお》して、魂《たましい》を取《と》り戻《もど》すぞー!!」

「おーーっ!!」

3人《にん》は橋《はし》の下《した》で誓《ちか》い合《あ》った。

3 イツキは大富豪《だいふごう》!?

ゴゴッ、ゴゴゴゴゴ……。

重《おも》そうな音《おと》を立《た》てて、大《おお》きな門《もん》がゆっくり開《ひら》いていくのを、シンとタエはぽかんと口《くち》を開《あ》けて見守《みまも》っている。ここは、シンがいつも新聞配達《しんぶんはいたつ》に来《き》ていたあこがれのお屋敷《やしき》の前《まえ》だ。

門《もん》が開《ひら》くと、イツキはスタスタと中《なか》へ入《はい》っていく。シンとタエが、あわててあとを追《お》う。

落《お》ち武者《むしゃ》は、ゲロゲロッと道《みち》に飛《と》び出《だ》してきたカエルに気《き》を取《と》られて、出遅《でおく》れる。

シンは、お屋敷《やしき》までつづく広《ひろ》い庭《にわ》をキョロキョロしながら進《すす》んだ。屋根《やね》まで届《とど》きそうな大《おお》きな木《き》や、鯉《こい》が泳《およ》ぐ池《いけ》まである。

「ここって、イツキの家《いえ》だったんだ……」

シンは、先《さき》に歩《ある》いていたイツキに追《お》いつくと言《い》った。

「ああ。まあな」

イツキはなぜか、さびしげな暗《くら》い顔《かお》をした。

「……？」

シンが不思議《ふしぎ》に思《おも》っていると、前方《ぜんぽう》の大《おお》きな屋敷《やしき》のドアがギィイィっと開《ひら》いて、奇妙《きみょう》な声《こえ》が聞《き》こえてきた。

「あ〜ら」

ドアのわきに、男《おとこ》の人《ひと》が立《た》っているみたいだが、うす暗《ぐら》くてよく見《み》えない。その人《ひと》は、大《おお》げさに片手《かたて》を胸《むね》に当《あ》て、おじぎをした。

「お坊《ぼっ》ちゃま、お帰《かえ》りなさいませで〜〜〜ウッス！」

「うっす⁇」

シンは、へんてこな語尾《ごび》をくり返《かえ》すと、顔《かお》を上《あ》げた男《おとこ》を見《み》て、思《おも》わず身《み》がまえた。青白《あおじろ》い顔《かお》のその男《おとこ》は、ずんぐりとして首《くび》がほとんどなくて、蝶《ちょう》ネクタイをつけタキシードを着《き》ている。口《くち》が大《おお》きくて、なぜか目《め》と目《め》の間《あいだ》が黒《くろ》ずんでいて……とにかく、うす気味悪《きみわる》い！

だけど、イツキは「ただいま」と男《おとこ》にふつうにあいさつをした。

「お坊《ぼっ》ちゃま！　こちらの方々《かたがた》は？」

シンとタエに興味津々《きょうみしんしん》な男《おとこ》に、イツキが答《こた》える。

「友達《ともだち》」

「おおっ」

男《おとこ》はうれしそうな声《こえ》をあげると、また大《おお》げさに胸《むね》に手《て》を当《あ》てて、頭《あたま》を下《さ》げた。

「いらっしゃいませ。わたくし執事《しつじ》のウ・ス・タ、と申《もう》します」

臼田《うすた》と名乗《なの》ったその男《おとこ》は、顔《かお》を上《あ》げるとニタァとうす気味悪《きみわる》い笑《え》みを浮《う》かべた。なんだか妖怪《ようかい》みたいな執事《しつじ》だ。シンが、タエにささやく。

「すごい。執事《しつじ》だって」

「うん」

そこへ、カエルに気《き》を取《と》られていた落《お》ち武者《むしゃ》が追《お》いついてきて、臼田《うすた》にペコリとおじぎをした。臼田《うすた》は、落《お》ち武者《むしゃ》にチラッと視線《しせん》を向《む》けたように見《み》えたが、すぐにシンたちの方《ほう》に向《む》き直《なお》った。落《お》ち武者《むしゃ》は自分《じぶん》の存在《そんざい》をアピールするが、臼田《うすた》は家《いえ》の中《なか》を見《み》たがっている
シンとタエに、大《おお》げさな身《み》ぶりで案内《あんない》しはじめた。

「さあ、どうぞどうぞ！　ぞんぶんに、ご覧《らん》くださいでウッス！」

くるんくるんと回転《かいてん》しながら、みんなを家《いえ》にまねき入《い》れる。

「わぁ!!　すごーい！　ひ、広《ひろ》い！」

「ほんと〜」

想像《そうぞう》していたよりもずっと大《おお》きな玄関《げんかん》ホールに、シンとタエは感動《かんどう》して目《め》を輝《かがや》かせた。

玄関《げんかん》ホールは２階《かい》まで吹《ふ》き抜《ぬ》けになっていて、中央《ちゅうおう》の大《おお》きな階段《かいだん》には赤《あか》いカーペットが敷《し》かれている。シンは、ずっとあこがれていた家《いえ》の中《なか》を、あっちへこっちへ、タエと一緒《いっしょ》にワクワクしながら見《み》てまわる。そんなふたりを、イツキは少《すこ》しあきれたように見守《みまも》る。

キッチンには、見《み》たこともないような大《おお》きな冷蔵庫《れいぞうこ》があった。

さらにリビングに行《い》くと、今度《こんど》はテレビを見《み》つけた。

「テレビだ――――っ!!」

シンはさっそくスイッチを入《い》れてみる。ブゥンと少《すこ》し音《おと》を立《た》ててから、画面《がめん》が明《あか》るくなると、大人気《だいにんき》のプロレス中継《ちゅうけい》がやっていた。

「おおっ！」

シンは、はしゃいで画面《がめん》にかじりつく。タエは、部屋《へや》に飾《かざ》られている美《うつく》しいお皿《さら》や人形《にんぎょう》を見《み》ていたが、テレビのほうをふり返《かえ》ると、画面《がめん》を見《み》て目《め》を丸《まる》くした。

「えっ！　すごい!!　色《いろ》がついてる！」

臼田《うすた》が手《て》を高《たか》く突《つ》き出《だ》してポーズをとると、大声《おおごえ》で言《い》う。

「テレビアーンッ！」

「……」

「テレビ」と「トレビアーン」をかけたダジャレのつもりらしいが、場《ば》は一気《いっき》にひんやりとサムくなる。シンもタエも、とりあえず臼田《うすた》のギャグをスルーした。

シンたちは、キラキラ輝《かがや》くシャンデリアや、まきを燃《も》やして使《つか》うだんろにも大感激《だいかんげき》するが、そのたびに臼田《うすた》が、くだらなーいギャクをかましては、いちいちスベるのだった。

シンたちはひと通《とお》り家《いえ》の中《なか》を見終《みお》わると、玄関《げんかん》ホールに戻《もど》ってイツキと一緒《いっしょ》に部屋《へや》に向《む》かった。臼田《うすた》は、階段《かいだん》の下《した》から、両手《りょうて》をもみもみとこすり合《あ》わせながら言《い》う。

「みなさん、あとでおいし〜いお菓子《かし》とお紅茶《こうちゃ》をお運《はこ》びしますでウッス。ばぁーい！」

そう言《い》って手《て》をふると、気味《きみ》の悪《わる》い笑《わら》い声《ごえ》をあげながら去《さ》っていく。

「ふぉっほっほっほっほ……」

イツキは、臼田《うすた》が奥《おく》へ下《さ》がるのを見届《みとど》けると言《い》った。

「アイツ、最近入《さいきんはい》った執事《しつじ》なんだけど、なんか不気味《ぶきみ》なんだよな」

「確《たし》かにそうかも……」

「うん……」

シンとタエも、臼田《うすた》をなんとなく不気味《ぶきみ》に思《おも》った。

イツキは階段《かいだん》を上《のぼ》って、ふたりを自分《じぶん》の部屋《へや》へと案内《あんない》した。

その部屋《へや》は、室内《しつない》に短《みじか》い階段《かいだん》がある変《か》わったつくりになっていた。シンが、壁一面《かべいちめん》の資《し》料《りょう》におどろきの声《こえ》をあげる。

「なに⁉　これはなんなの……？」

そこには、妖怪《ようかい》にまつわるさまざまな情報《じょうほう》が貼《は》られていた。見上《みあ》げると、妖怪《ようかい》のお面《めん》や、妖怪《ようかい》の絵《え》がならんでいる。

「これ、全部《ぜんぶ》ひとりで集《あつ》めたの？」

階段《かいだん》の周《まわ》りには、どくろの絵《え》や、古《ふる》い資料《しりょう》や地球儀《ちきゅうぎ》、昔《むかし》のカメラに狐《きつね》のお面《めん》など、見《み》たことのないものがたくさんあって、少《すこ》し怖《こわ》いぐらいだ。イツキは、短《みじか》い階段《かいだん》をおりると、必要《ひつよう》な資料《しりょう》を集《あつ》めながら話《はな》す。

「俺《おれ》は、姉《ねえ》ちゃんが殺《ころ》されて以来《いらい》、妖怪《ようかい》のことを調《しら》べてきた。妖怪《ようかい》とはなにか？　どんな種類《しゅるい》がいるのか？　どうやったら倒《たお》せるのか？」

イツキは、テーブルの上《うえ》に資料《しりょう》をドサッと置《お》き、階段《かいだん》の上《うえ》にいるシンたちを見《み》た。

「さあ、作戦会議《さくせんかいぎ》するぞ！」

「作戦《さくせん》……？」

「……会議《かいぎ》⁉」

シンとタエは、顔《かお》を見合《みあ》わせた。

4　作戦会議《さくせんかいぎ》

シンとタエは、テーブルを囲《かこ》むようにイツキの正面《しょうめん》に座《すわ》った。イツキのうしろの本棚《ほんだな》には、図書館《としょかん》みたいにずらっと本《ほん》がならんでいる。指揮官《しきかん》イツキのもとに集《あつ》まったスパイみたいに秘密《ひみつ》めいていて、なんだかかっこいい！　イツキは、古《ふる》い書物《しょもつ》を手《て》に話《はな》しはじめた。

「いいか、よく聞《き》け。俺《おれ》たちが倒《たお》さなければならない相手《あいて》は、『玉藻前《たまものまえ》』という妖怪《ようかい》だ」

イツキは、古《ふる》い書物《しょもつ》を開《ひら》くと、バシッとふたりの前《まえ》に広《ひろ》げた。

「たまも、のまえ……？」

聞《き》いたことのない名前《なまえ》にシンは首《くび》をかしげた。書物《しょもつ》には、恐《おそ》ろしい姿《すがた》の妖怪《ようかい》が描《えが》かれている。イツキが説明《せつめい》をつづける。

「ヤツは日本《にほん》古来《こらい》から存在《そんざい》する。人間《にんげん》に化《ば》けて、女《おんな》の人《ひと》の魂《たましい》を食《く》らっている恐《おそ》ろしい妖怪《ようかい》だ」

「妖怪《ようかい》……」

書物《しょもつ》の絵《え》を見《み》て目《め》をパチクリさせているシンの横《よこ》で、タエが思《おも》わずちぢこまる。

「怖《こわ》い……」

「コイツは、人《ひと》を操《あやつ》って死《し》なせて、その魂《たましい》をうばうんだ……」

シンにずっとついてきている落《お》ち武者《むしゃ》も、積《つ》み重《かさ》なった資料《しりょう》の上《うえ》に正座《せいざ》をして、シンとタエと一緒《いっしょ》に神妙《しんみょう》な顔《かお》でイツキの話《はなし》を聞《き》いている。イツキは書物《しょもつ》を閉《と》じると、ふいに悲《かな》しそうな表情《ひょうじょう》になった。

「……俺《おれ》の姉《ねえ》ちゃんも、とつぜん変《へん》な走《はし》り方《かた》で表《おもて》に出《で》ていった。俺《おれ》は様子《ようす》がおかしいと思《おも》って追《お》いかけたんだ。けど……」

おさげを揺《ゆ》らしながら、建設現場《けんせつげんば》の鉄《てつ》の階段《かいだん》をかけ上《あ》がっていく姉《あね》の背中《せなか》を、イツキは思《おも》い出《だ》した。

「姉《ねえ》ちゃんは、建設中《けんせつちゅう》のビルの屋上《おくじょう》から飛《と》びおりた……」

あとほんの少《すこ》しで手《て》が届《とど》きそうだった。あともう一歩《いっぽ》早《はや》く追《お》いついていれば、姉《あね》をつかむことができたのに……必死《ひっし》に腕《うで》を伸《の》ばしたけれど、姉《あね》の指先《ゆびさき》に軽《かる》くふれただけで、姉《あね》の体《からだ》はそのまま落《お》ちていってしまった……。

「止《と》めようとしたけど間《ま》に合《あ》わなかったんだ……」

空中《くうちゅう》で、姉《あね》はひらりと体《からだ》を返《かえ》し、イツキのほうを向《む》いた。いつもとはまるで違《ちが》う獣《けもの》のような恐《おそ》ろしい目《め》をしていたが、次《つぎ》の瞬間《しゅんかん》、いつもの姉《あね》の顔《かお》に戻《もど》り、イツキを見《み》たのだった。あのときの姉《あね》のおどろいたような戸惑《とまど》ったような表情《ひょうじょう》を思《おも》い出《だ》して、イツキは怒《いか》りとくやしさで顔《かお》をゆがめた。

「……」

話《はなし》を聞《き》いていたタエは、玉藻前《たまものまえ》の恐《おそ》ろしさにふるえてしまう体《からだ》を押《お》さえるように、自分《じぶん》で自分《じぶん》を抱《だ》きしめた。

「魂《たましい》をうばうなんて……」

シンが、おそるおそるイツキに尋《たず》ねる。

「そんなヤツをどうやって倒《たお》すの？」

「そうだよ。ムリだよ……」

怖《こわ》がるシンとタエを見《み》て、イツキはポケットから３つの小《ちい》さなカギのようなものを取《と》り出《だ》した。

「これさ！」

「⁉」

「おおーーっ！」

声《こえ》をあげたのは、臼田《うすた》だった。

「うわっ、いつの間《ま》に！」

臼田《うすた》はみんなが気《き》づかないうちに、イツキの部屋《へや》に入《はい》ってきていた。

「お紅茶《こうちゃ》をお持《も》ちしました。どうぞ、どうぞ〜」

臼田《うすた》は、テーブルにティーカップを置《お》いていく。落《お》ち武者《むしゃ》が、資料《しりょう》の上《うえ》からおりて臼田《うすた》のそばまで行《い》き、顔《かお》をのぞきこむ。

「⁉」

一瞬《いっしゅん》、ふたりの目《め》が合《あ》ったようだった。でも臼田《うすた》はまた、何《なに》も見《み》えていないように、イツキの分《ぶん》の紅茶《こうちゃ》をテーブルに置《お》いた。

「お坊《ぼっ》ちゃま、どうぞ〜。お代《か》わりも用意《ようい》しておりますでウッス！」

落《お》ち武者《むしゃ》は首《くび》をかしげて臼田《うすた》を目《め》で追《お》い、気《き》づいてもらえるように体《からだ》を揺《ゆ》らしたりしてみるが、臼田《うすた》はわざと見《み》えないふりをしているみたいだ。

シンが、イツキの手《て》にあるカギのようなものに話《はなし》を戻《もど》す。

「で、それはなに？」

「これは、妖怪《ようかい》を呼《よ》び出《だ》すことができるアイテムらしいんだ」

イツキが見《み》せた3本《ぼん》のカギのようなものには、それぞれ妖怪《ようかい》の絵《え》が描《か》かれている。タエは、さっきから星形《ほしがた》のブローチに手《て》を当《あ》て、少《すこ》し不安《ふあん》そうにイツキを見《み》ている。シンが質問《しつもん》をつづける。

「アイテムってなに、機械《きかい》⁇　呼《よ》び出《だ》してどうするの？　妖怪《ようかい》って悪《わる》いヤツなんじゃないの？」

「ああ。悪《わる》いヤツにも利用価値《りようかち》があるってことさ」

イツキは、立《た》ち上《あ》がってテーブルの上《うえ》に3本《ぼん》をならべる。

「毒《どく》をもって毒《どく》を制《せい》す！　妖怪《ようかい》の力《ちから》をうまく利用《りよう》して、玉藻前《たまものまえ》を倒《たお》し、うばわれた魂《たましい》を取《と》り戻《もど》す！」

「……」

「……」

シンとタエは、息《いき》をのんでカギのようなものを見《み》つめた。シンが手《て》に取《と》ってみる。

「『猫又《ねこまた》』、『河童《かっぱ》』、『座敷童子《ざしきわらし》』って書《か》いてあるけど、なんか、どれも聞《き》いたことある」

「ああ、妖怪《ようかい》の中《なか》ではメジャー系《けい》だからな。こいつらを呼《よ》び出《だ》せれば百人力《ひゃくにんりき》だぜ」

「メジャー…けい⁇　じゃあ、早《はや》く呼《よ》び出《だ》そうよ！」

シンは妖怪《ようかい》のことはよくわからないけど、とにかく早《はや》くそのメジャーな妖怪《ようかい》たちに会《あ》ってみたかった。カギを返《かえ》すと、イツキは困《こま》ったように頭《あたま》をかいた。

「ん？　ああ……それが、かんじんのブツがないんだ」

「ブツ⁇」

「『妖怪《ようかい》ウォッチ』だよ」

「‼」

タエは、妖怪《ようかい》ウォッチという言葉《ことば》にハッとして、星形《ほしがた》のブローチをにぎりしめた。シンは、初《はじ》めて聞《き》く言葉《ことば》に首《くび》をかしげる。

「……妖怪《ようかい》…ウォッチ⁇」

「妖怪《ようかい》を呼《よ》び出《だ》すには、妖怪《ようかい》ウォッチがいる」

イツキの説明《せつめい》に、シンは興奮《こうふん》して身《み》を乗《の》り出《だ》す。

「じゃあ、それを手《て》に入《い》れなきゃ！　それ、どこにあるの？」

シンの質問《しつもん》に、イツキはけわしい顔《かお》になった。

「山姥屋敷《やまんばやしき》さ……」

「ヤマンバ!?」

「!!」

すっとんきょうな声《こえ》を出《だ》すシンの横《よこ》で、タエが大《おお》きく目《め》を見開《みひら》いた。タエは、3本《ぼん》のカギのことも、妖怪《ようかい》ウォッチのことも、そして山姥屋敷《やまんばやしき》のことも、全部知《ぜんぶし》っているみたいだった。でも、シンとイツキにはなにも言《い》わずに、タエは黙《だま》ったままうつむいた。

第《だい》2章《しょう》　妖《よう》怪《かい》たちをやっつけろ！

5　恐怖《きょうふ》!!　山姥屋敷《やまんばやしき》

町《まち》はずれの低《ひく》い山《やま》に囲《かこ》まれた細《ほそ》い道《みち》を、イツキとシンとタエは歩《ある》いていた。山《やま》にはうっすらと雪《ゆき》が積《つ》もり、あたりにはもやが立《た》ちこめていて、背筋《せすじ》がゾクゾクするような雰囲気《ふんいき》だ。タエは歩《ある》きながら、さりげなくイツキとシンを止《と》めようとした。

「本当《ほんとう》に行《い》くの？　山姥《やまんば》に食《く》い殺《ころ》されるかもしれないよ！」

「妖怪《ようかい》ウォッチを手《て》に入《い》れるためには、行《い》くしかない！　危険《きけん》は承知《しょうち》の上《うえ》だ」

「……」

タエは、イツキに強《つよ》く言《い》われて黙《だま》ってしまい、なにか言《い》いたそうな顔《かお》でふたりの背中《せなか》を見《み》つめていたが、置《お》いていかれないようにまた歩《ある》き出《だ》した。

山《やま》の集落《しゅうらく》を抜《ぬ》け、小《ちい》さな川《かわ》にかかった橋《はし》を渡《わた》り、奥《おく》へ奥《おく》へと進《すす》んでいくと、3人《にん》は少《すこ》し開《ひら》けた場所《ばしょ》に出《で》た。そこには、一軒《いっけん》の古《ふる》い屋敷《やしき》があった。

「ここか……」

塀《へい》に囲《かこ》まれたお屋敷《やしき》の門《もん》は、ぴったりと閉《と》じられている。緊張《きんちょう》するイツキの横《よこ》で、シンがつぶやく。

「いかにも出《で》てきそうだね……」

「……」

タエはふたりのうしろで不安《ふあん》げな顔《かお》をしているが、ここまで来《き》たら引《ひ》き返《かえ》せないとでもいうように、ひとつ息《いき》をはく。

塀《へい》を飛《と》び越《こ》えて、3人《にん》は中庭《なかにわ》におりた。落《お》ち武者《むしゃ》も門《もん》をすり抜《ぬ》け中庭《なかにわ》に入《はい》って、みんなのあとを追《お》う。イツキが建物《たてもの》の周囲《しゅうい》を歩《ある》き、こわれた雨戸《あまど》を見《み》つけ、シンを呼《よ》ぶ。

「ここからなら入《はい》れそうだぞ。手伝《てつだ》え、シン！」

イツキとシンは力《ちから》を合《あ》わせて、こわれた雨戸《あまど》をこじ開《あ》けると、中《なか》に入《はい》った。タエもあとからついてくる。うす暗《ぐら》い廊下《ろうか》は、ところどころ壁《かべ》がはがれ落《お》ちていて、お化《ば》け屋敷《やしき》みたいに不気味《ぶきみ》だ。イツキは、用心《ようじん》しながら奥《おく》へと進《すす》む。

「気《き》をつけろ！　どこからおそってくるか、わからないぞ」

うす暗《ぐら》い廊下《ろうか》を進《すす》み、ソファとテーブルのある部屋《へや》を見《み》つけて、みんなで中《なか》に入《はい》る。

「おそわれたらどうするの？　ねえ戦《たたか》うの？」

シンの質問《しつもん》に、イツキはポケットからメモを出《だ》して渡《わた》すと、壁《かべ》ぎわに置《お》いてあったろうそくにマッチで火《ひ》をつけ、話《はな》しはじめた。

「戦《たたか》うしかないだろうな。大丈夫《だいじょうぶ》。ちゃんと山姥《やまんば》のことは調《しら》べてあるんだ。対処法《たいしょほう》もな」

「対処法《たいしょほう》⁇　それって弱点《じゃくてん》とか？」

「そうだ」

「ええっ……⁉　そんなのあるの？」

今度《こんど》はタエが口《くち》を開《ひら》いた。シンは、ろうそくのあかりを頼《たよ》りにメモを見《み》たが、すぐに困《こま》った顔《かお》でイツキを見《み》た。メモは、この山姥屋敷《やまんばやしき》の見取《みと》り図《ず》らしいのだが、とてもヘタで、なにがなんだかよくわからない。

「え〜っと…ずいぶんざっくりだけど、ホントに大丈夫《だいじょうぶ》??」

小声《こごえ》で尋《たず》ねるシンをイツキはギロリとにらむ。ろうそくに照《て》らされた顔《かお》が怖《こわ》くて、シンは一瞬《いっしゅん》ビクッとしてしまう。

「心配《しんぱい》ない。調査《ちょうさ》はちゃんとやっている」

「そ、そう……」

それにしても、この地図《ちず》はヘタすぎるなぁと思《おも》ってシンは苦笑《くしょう》する。イツキがろうそくをテーブルの上《うえ》に置《お》いた。落《お》ち武者《むしゃ》は、ソファを飛《と》び越《こ》えて障子戸《しょうじど》の方《ほう》へ。

イツキは、シンとタエに話《はなし》をつづけた。

「いいか、よく聞《き》け。俺《おれ》の分析《ぶんせき》によるとだな……」

シンとタエはごくりと息《いき》をのんで、イツキを見《み》ている。

「ヤツの弱点《じゃくてん》は……」

「弱点《じゃくてん》は……?」

聞《き》いているシンとタエの体《からだ》に、ぐっと力《ちから》が入《はい》る。

「ズバリ、おはぎだ！」

え……？　おはぎ……？

自信《じしん》たっぷりに言《い》ったイツキを、タエとシンはきょとんとして見《み》た。おはぎって、あの、もち米《ごめ》を丸《まる》めてあんこやきな粉《こ》をつけた、あのおはぎのこと⁇　シンとタエの頭《あたま》の中《なか》に同《どう》時《じ》に「⁇」が浮《う》かぶ。

「……おはぎ？」

気《き》の抜《ぬ》けた声《こえ》で言《い》うシンに、イツキは自信《じしん》たっぷりで答《こた》える。

「そうだ、山姥《やまんば》はおはぎに弱《よわ》い！」

「なんで⁇」

目《め》をパチクリさせて聞《き》くタエに、イツキはリュックをおろしながら言《い》う。

「山姥《やまんば》におそわれた人《ひと》たちの話《はなし》では、おはぎを見《み》たとたん逃《に》げ出《だ》したらしい」

「それだけで弱点《じゃくてん》って……」

なんとなく納得《なっとく》がいかないタエにつづき、シンももう一度《いちど》、イツキが描《か》いた屋敷《やしき》の地図《ちず》に目《め》を落《お》とす。どう見《み》ても、めっちゃいい加減《かげん》な地図《ちず》だ。

「そうだよ。それにこの地図《ちず》もなーんか変《へん》だし」

「変《へん》じゃねえよ！」

イツキはきっぱりと言《い》うと、風呂敷包《ふろしきづつ》みをリュックから出《だ》してテーブルの上《うえ》で開《あ》けた。

「でも、山姥《やまんば》におはぎだよ……？」

心配《しんぱい》するシンにかまわず、イツキは風呂敷《ふろしき》に入《はい》っていた3段重《だんがさ》ねの重箱《じゅうばこ》を開《あ》けた。中身《なかみ》は、全部《ぜんぶ》おはぎだ。きれいに丸《まる》くつくられたあんこのおはぎが、笹《ささ》の葉《は》の上《うえ》にならんでいる。

「わぁ！　いっぱい！」

「おいしそう！」

シンとタエが、思《おも》わず歓声《かんせい》をあげる。

「臼田《うすた》につくらせた。みんなひと箱《はこ》ずつ持《も》つんだ」

あの臼田《うすた》さんがつくったおはぎかぁ……。その朝《あさ》、臼田《うすた》は、イツキに頼《たの》まれたことがうれしくて、ルンルンと鼻歌《はなうた》を歌《うた》いながら張《は》りきっておはぎをつくってくれた。つくりながら、自作《じさく》の歌《うた》まで楽《たの》しそうに歌《うた》っていた。

「丹精《たんせい》こめてつくった豆《まめ》と〜♪　清《きよ》らかな水《みず》で研《と》いだもち米《ごめ》で〜♪　幻《まぼろし》のおはぎができました〜♪　ウッスウッスウッス♡」

それはさておき、シンは、目《め》の前《まえ》にならんだおいしそうなおはぎを見《み》て、ますます心配《しんぱい》になった。食《た》べる分《ぶん》にはいいけど、妖怪《ようかい》に効果《こうか》があるとはやっぱり思《おも》えない。

「でもこれ、ホントに効果《こうか》あるの？」

「なんか不安《ふあん》……」

タエもつづく。しかし、イツキは自信《じしん》たっぷりでみんなにおはぎを配《くば》る。

「心配《しんぱい》するな。山姥《やまんば》が出《で》たら、おはぎを投《な》げつけるんだ」

それを聞《き》いたタエは、モジモジしながらポケットからあるものを出《だ》して、イツキとシンに見《み》せた。

「もしかしたら、こっちのほうが効果《こうか》あるかも……」

タエが出《だ》したのは、いかにも妖怪《ようかい》に効《き》き目《め》がありそうなお札《ふだ》だった。

「それってお札《ふだ》？」

おどろくシンにつづいて、イツキが尋《たず》ねる。

「おっ、お前《まえ》、なんでそういうの持《も》ってるんだ？」

「……妖怪《ようかい》のこと、少《すこ》しわかるから」

タエはおずおずと答《こた》える。落《お》ち武者《むしゃ》は、お札《ふだ》を見《み》て怖《こわ》がって隠《かく》れてしまっている。

「まあいい。よし、手《て》わけして妖怪《ようかい》ウォッチをさがすぞ！」

「えっ!!」

イツキの提案《ていあん》に、シンとタエは同時《どうじ》に声《こえ》をあげた。

「べ、別行動《べつこうどう》するの!?」

とまどうタエに、イツキはお手製《てせい》の地図《ちず》を渡《わた》す。

「そのための地図《ちず》だ。ほら、お前《まえ》の分《ぶん》もある！」

そう言《い》われても、この地図《ちず》、ヘタすぎてよくわからないし……。タエは明《あき》らかに困《こま》っているが、イツキは空気《くうき》を読《よ》まず、キリッとした顔《かお》で、「任《まか》せろ」というふうに胸《むね》をたたいた。

「山姥《やまんば》が出《で》たら大声《おおごえ》で叫《さけ》べ！　すぐにかけつけてやる！」

「う、うん……」

タエはため息《いき》をつきつつ、ひとまずうなずいた。さあ、ここから手《て》わけをして、いよいよ山姥《やまんば》さがしだ。イツキがさっそく入《はい》ってきたのと反対《はんたい》のほうを指《さ》して言《い》う。

「じゃあ、俺《おれ》はこっちに」

「そっちはお手洗《てあら》いしかないよ」

タエが小《ちい》さな声《こえ》で言《い》う。

「……!?」

イツキもシンもちょっとびっくりしてタエを見《み》た。シンが尋《たず》ねる。

「じゃあこっちは?」

「外《そと》の物置《ものおき》につづいているよ……」

また小《ちい》さな声《こえ》でタエが答《こた》える。

「……??」

イツキとシンは、タエをじーっと見《み》た。

「……」

肩《かた》をすくめたままなにも言《い》わないタエに、イツキとシンは顔《かお》を見合《みあ》わせた。

「タエ、お前《まえ》なんでそんなに詳《くわ》しいんだ？」

「……」

イツキの問《と》いかけにも、タエは黙《だま》ったままだ。

「なにか隠《かく》しているのか？　説明《せつめい》しろ」

「タエ……」

シンもタエに声《こえ》をかける。すると、タエは、いきなりイツキの描《か》いた地図《ちず》をグチャグチャに丸《まる》め、覚悟《かくご》を決《き》めたようにシンとイツキを見《み》た。

「……実《じつ》は、ここは、私《わたし》のおばあちゃんの家《いえ》なの！」

「！！」

イツキもシンも、目《め》を丸《まる》くしてタエを見《み》る。

「私《わたし》の家系《かけい》、『有星家《ありほしけ》』は、代々《だいだい》、妖怪《ようかい》の知識《ちしき》や妖術《ようじゅつ》を語《かた》りついでいるの。だから、この家《いえ》には、妖怪《ようかい》に関《かん》するものがたくさん保管《ほかん》されてて……今《いま》では、山姥《やまんば》にうばわれてしまってて……」

確《たし》かに、この部屋《へや》にも不思議《ふしぎ》な置物《おきもの》がいくつかある。テーブルに置《お》かれたろうそくの火《ひ》があやしく揺《ゆ》れる。

「てことは、お前《まえ》は妖怪《ようかい》の専門家《せんもんか》ってことか」

イツキの問《と》いに、タエは目《め》をふせて、ひかえめに答《こた》える。

「専門家《せんもんか》なのは、うちのおばあちゃん。私《わたし》はまだ妖術師見習《ようじゅつしみなら》いだから、妖怪《ようかい》のこと、イツキほどは知《し》らない」

「どうりで霊《れい》が見《み》えるはずだぜ」

すると、話《はなし》を聞《き》いていたシンが、ハッとした。

「じゃあ、出会《であ》ったのは偶然《ぐうぜん》じゃなかったの？」

「うん」

タエは、ポケットからガサゴソとなにかを取《と》り出《だ》してふたりに見《み》せた。

「この『妖魔探知機《ようまたんちき》』が反応《はんのう》するほうに来《き》てみたら、あなたたちがいたの」

それは、手《て》の平《ひら》に収《おさ》まるぐらいの小《ちい》さな機械《きかい》だ。

「私《わたし》も妖怪《ようかい》をさがして、おばあちゃんを救《すく》う方法《ほうほう》を見《み》つけたかったから」

「おばあちゃんを救《すく》う？」

イツキの問《と》いに、タエは妖魔探知機《ようまたんちき》をにぎりしめて、うつむいた。

「……おばあちゃんは、悪《わる》い妖怪《ようかい》にとりつかれて山姥《やまんば》になっちゃったの……」

「ええ――っ⁉」

シンが大《おお》きな声《こえ》でおどろく。タエは、悲《かな》しみにふるえながらつづけた。

「でも私《わたし》、どうしたらいいかわからなくて……」

話《はなし》を聞《き》いていたイツキがうなずく。

「わかった。それじゃ、タエのばあちゃんにとりついた妖怪《ようかい》を倒《たお》すぞ、シン！」

「うん！」

シンは、イツキをふり返《かえ》って、しっかりとうなずいた。

「え……いいの……？」

大切《たいせつ》なことをふたりに言《い》わなかった自分《じぶん》は、もう仲間《なかま》ではいられないかもしれないと、タエは不安《ふあん》でたまらなかった。だけど、ふたりは笑顔《えがお》でうなずいてくれた。タエの顔《かお》が、ぱあっと明《あか》るくなる。

「ありがとう……」

目《め》にじんわりとにじんだ涙《なみだ》をぬぐった。ふたりにどう話《はな》したらよいかわからなかったけど、勇気《ゆうき》を出《だ》して話《はな》してよかった。ふたりが自分《じぶん》を受《う》け入《い》れてくれたことが、タエはすごくうれしかった。

「今度《こんど》からもっと早《はや》く言《い》ってくれよな」

イツキの言葉《ことば》にシンもつづく。

「そうだよ。仲間《なかま》なんだからさ！」

「うん！」

「さあ、おはぎを持《も》つんだ！」

「え……」

タエとシンは顔《かお》を見合《みあ》わせて苦笑《くしょう》した。おはぎのこと、イツキは忘《わす》れてはいなかったようだ。３人《にん》の間《あいだ》にほっこりとした空気《くうき》が流《なが》れる。だが、そのときだった。

ドドドドドドド――――ンッ！！！

とつぜん、大《おお》きな音《おと》をとどろかせて、火山《かざん》が爆発《ばくはつ》するみたいに床《ゆか》が突《つ》き破《やぶ》られた！

「ぐあああぁぁぁぁ――――っ！」

山姥《やまんば》がおそいかかってきたのだ！

6　山姥《やまんば》との対決《たいけつ》！

「ぐあああぁぁぁぁ――――っ！」

床《ゆか》を突《つ》き破《やぶ》って現《あらわ》れた山姥《やまんば》のせいで、部屋《へや》にあったテーブルやソファなどあらゆる家具《かぐ》がひっくり返《かえ》った。必殺技《ひっさつわざ》として使《つか》うはずだったおはぎも、どこかへ飛《と》んでいってしまった。

「うわっ‼　ああ‼」

シンは完全《かんぜん》にパニックだ。

「きゃあああああ」

タエは恐怖《きょうふ》で目《め》をぎゅっとつぶって悲鳴《ひめい》をあげている。のんきに扉《とびら》に落書《らくが》きしていた落《お》ち武者《むしゃ》も、騒《さわ》ぎにふり返《かえ》る。

山姥《やまんば》は部屋《へや》のどまん中《なか》で大《おお》きな剣《けん》をふり回《まわ》して暴《あば》れている。しわしわの顔《かお》にぼさぼさの髪《かみ》の毛《け》、耳《みみ》のあたりまでさけた口《くち》からはとがった歯《は》がなん本《ぼん》も見《み》え、恐《おそ》ろしく血走《ちばし》った目《め》でイツキたちをにらんでいる。シンが叫《さけ》ぶ。

「出《で》た――っ!!」

「クソッ、おはぎが!!　逃《に》げるぞ!!」

散《ち》らばってしまったおはぎをあきらめて、イツキが号令《ごうれい》をかける。イツキを先頭《せんとう》に、3人《にん》は低《ひく》い姿勢《しせい》で猛《もう》ダッシュ！　イツキとタエは外《そと》の廊下《ろうか》に飛《と》び出《だ》した。だが、部屋《へや》の中《なか》からシンの悲鳴《ひめい》が聞《き》こえてきた。

「うわぁぁぁ！」

山姥《やまんば》にパンチされたシンが、障子戸《しょうじど》を突《つ》き破《やぶ》って倒《たお》れた。

「きゃーっ！　シン、しっかりして!!」

タエは、倒《たお》れたシンを引《ひ》きずって、とにかく逃《に》げる逃《に》げる逃《に》げる！　先頭《せんとう》を走《はし》っていたイツキの耳《みみ》に、タエの悲鳴《ひめい》が聞《き》こえてくる。

「キャーキャーキャー！」

イツキが曲《ま》がり角《かど》でうしろをふり返《かえ》ると、山姥《やまんば》が恐《おそ》ろしい形相《ぎょうそう》ですぐそこまで迫《せま》ってきている。

「ぐあぁぁっ!!」

シンは必死《ひっし》に逃《に》げるタエに引《ひ》きずられたまま立《た》つこともできず、さっきから柱《はしら》や床《ゆか》にガンガン体《からだ》をぶつけているが、タエはぜんぜん気《き》づいていないみたいだ。

「ちょっとタエ、ちょっと！　ちょっと!!」

ゴーンッと思《おも》いきり柱《はしら》に頭《あたま》をぶつけ、シンはよれよれになってしまった。

「ぐへへへへっ!!」

3人《にん》はおそいかかってくる山姥《やまんば》から必死《ひっし》に逃《に》げて、廊下《ろうか》の角《かど》を曲《ま》がり、奥《おく》の部屋《へや》へと逃《に》げこんだ。山姥《やまんば》が、ドアから大《おお》きな顔《かお》をのぞかせ、長《なが》い舌《した》を出《だ》しながら、血走《ちばし》った目《め》で部《へ》屋《や》の中《なか》をにらんでいる。

「もうダメ！　逃《に》げきれないよ」

ここまでシンを引《ひ》きずって頑張《がんば》ってきたタエだが、へなへなとひざからくずれるように座《すわ》りこんでしまった。そんなタエに、イツキが向《む》き合《あ》う。

「立《た》て！　最後《さいご》まで投《な》げんな！」

タエは、イツキの言葉《ことば》にハッとした。

（この言葉《ことば》、前《まえ》におばあちゃんに言《い》われたことがある……）

タエは、昔《むかし》、この屋敷《やしき》の庭《にわ》で祖母《そぼ》から妖術《ようじゅつ》の訓練《くんれん》を受《う》けたときのことを思《おも》い出《だ》した。なん度《ど》やっても、妖気《ようき》が弱《よわ》くて標的《ひょうてき》にあてることができず、疲《つか》れはてて、心《こころ》が折《お》れそうになったときのことだ。

「はぁはぁ……」

「まだあきらめるでない」

祖母《そぼ》のキネはきびしく言《い》ったが、タエは、うつむいて弱音《よわね》をはいた。

「……私《わたし》には、妖術師《ようじゅつし》なんて向《む》いてないんだよ」

「弱《よわ》い心《こころ》に負《ま》けるでない」

「え？」

「タエよ、本当《ほんとう》に向《む》いていないのならば、ばあちゃんは喜《よろこ》んでお前《まえ》にちがう道《みち》を示《しめ》してやる。じゃが、それは自分《じぶん》に向《む》いていないと堂々《どうどう》と言《い》いきれるくらい、努力《どりょく》してからじゃ」

キネはじっとタエを見《み》すえていたが、ふいにニカッと笑顔《えがお》を見《み》せた。

「最後《さいご》まで投《な》げずにやってみるのじゃ」

タエは、あのときのキネの笑顔《えがお》を、言葉《ことば》を思《おも》い出《だ》した。そして、キネの体《からだ》を乗《の》っ取《と》ってしまった山姥《やまんば》を強《つよ》い目《め》でキッと見返《みかえ》すと、前《まえ》に歩《あゆ》み出《で》た。

「タエ！」

「どうした？　下《さ》がれ！」

心配《しんぱい》するシンとイツキの声《こえ》も、集中《しゅうちゅう》しているタエには届《とど》かない。

「私《わたし》、やってみる！」

タエは、さっと右手《みぎて》をふり上《あ》げ、印《いん》を結《むす》びはじめた。

「はあ――っ！　妖《よう》・烈《れつ》・滅《めつ》・却《きゃく》！」

言葉《ことば》に合《あ》わせ、人差《ひとさ》し指《ゆび》と中指《なかゆび》を立《た》てて、大《おお》きな星形《ほしがた》を宙《ちゅう》に描《えが》く。そして、右手《みぎて》を大《おお》きく引《ひ》き、星《ほし》の中心《ちゅうしん》めがけてぐっと前《まえ》へ突《つ》き出《だ》す！　すると、エネルギーが一気《いっき》に集《あつ》まってくる。タエは、それを廊下《ろうか》にいる山姥《やまんば》めがけて思《おも》いきり放《はな》った！

山姥《やまんば》は吹《ふ》っ飛《と》ばされて壁《かべ》に激突《げきとつ》し、その衝撃《しょうげき》で、廊下《ろうか》に積《つ》み上《あ》げられていたがらくたが山姥《やまんば》の上《うえ》にドワァァアアーッとくずれ落《お》ちた。タエはさらに攻撃《こうげき》をつづける。大《おお》きく息《いき》を吸《す》いこんで、エネルギーを手《て》の中《なか》にためる。

「風《かぜ》の刃《やいば》‼」

すると、空気《くうき》が次々《つぎつぎ》と刃《やいば》のような形《かたち》になって、壁《かべ》にめりこんでいる山姥《やまんば》のほうへ飛《と》んでいき、その体《からだ》に次々《つぎつぎ》と刺《さ》さる！

「ぐあああああ――――‼　ぐぅううううぁぁ……」

山姥《やまんば》は刃《やいば》の刺《さ》さった腕《うで》を押《お》さえて、苦《くる》しそうなうめき声《ごえ》をあげる。

「これが妖術《ようじゅつ》……」

生《う》まれて初《はじ》めて妖術《ようじゅつ》というものを見《み》たイツキが、息《いき》をのむ。

「タ、タエ……」

シンはタエに寄《よ》りそう。タエは、たくさん走《はし》ったあとみたいに、おでこに汗《あせ》を光《ひか》らせ、苦《くる》しそうに息《いき》をしながらも、また前《まえ》を向《む》いた。

「ハア……くっ……ダメ、効《き》いてない……！」

山姥《やまんば》は起《お》き上《あ》がると、肩《かた》に刺《さ》さった風《かぜ》の刃《やいば》をぐっと力《ちから》をこめて引《ひ》き抜《ぬ》いて、吠《ほ》えた。

「ぐはぁあああ！」

「ど、どうしよう？」

シンは焦《あせ》ってイツキのほうを見《み》る。

「うーん……」

イツキが次《つぎ》の作戦《さくせん》を考《かんが》えている間《あいだ》にも、山姥《やまんば》はおなかに刺《さ》さった刃《やいば》を引《ひ》き抜《ぬ》いて、さっきよりもさらに大《おお》きな雄《お》たけびをあげる。

「ぐうぅ…あああああぁぁぁっ!!」

山姥《やまんば》は、シンたちのいる部屋《へや》のドアにパンチを一発《いっぱつ》！ ドアをぶち破《やぶ》るつもりだ。さらに、もう一発《いっぱつ》、腕《うで》を大《おお》きくふり上《あ》げた瞬間《しゅんかん》、山姥《やまんば》はピタッと動《うご》きを止《と》めた。そして、殺気《さっき》に満《み》ちた目《め》を廊下《ろうか》の奥《おく》に向《む》けて、なにかの気配《けはい》を追《お》い、一気《いっき》に刀《かたな》をふり下《お》ろす！

「ぐぉあああぁぁぁ!!」

しかし、その大《おお》きな刃《やいば》の下《した》をすり抜《ぬ》け、山姥《やまんば》の足《あし》の間《あいだ》をくぐり抜《ぬ》けて、小《ちい》さな黒《くろ》い影《かげ》がシンたちめがけて全速力《ぜんそくりょく》で走《はし》ってくる！ それは、な、なんと落《お》ち武者《むしゃ》だ！ 笹《ささ》の葉《は》にくるんだおはぎを抱《かか》えて3人《にん》の前《まえ》までやってくると、落《お》ち武者《むしゃ》は急《きゅう》ブレーキをかけるように止《と》まった。

「こ、これは……？」

目《め》の前《まえ》のショボい武士《ぶし》、落《お》ち武者《むしゃ》を見《み》て、シンはぽかんと口《くち》を開《あ》けた。シンの疑問《ぎもん》にタエが答《こた》える。

「シンの守護霊《しゅごれい》」

「ええ――――!?」

これまで見《み》えなかった落《お》ち武者《むしゃ》が、なぜかとつぜん見《み》えるようになってしまったようだ。

落《お》ち武者《むしゃ》は、シンとイツキをキョロキョロと見比《みくら》べて、シンにおはぎを差《さ》し出《だ》す。

「あ！　おはぎ!!」

シンは、落《お》ち武者《むしゃ》について気《き》になることがたくさんあったけれど、今《いま》はそれどころではない。早《はや》く山姥《やまんば》を倒《たお》さなくちゃ！

「と、とにかくありがとう!!」

シンは、もらったおはぎを、助走《じょそう》をつけて大《おお》きくふりかぶった！

「アイツにぶつければいいんだよね！」

まるで野球《やきゅう》のピッチャーみたいに、剛速球《ごうそっきゅう》でおはぎを山姥《やまんば》めがけて投《な》げつけようとした。

そのときだった。

「ぐぉおおおっ!!」

こわれたドアから、山姥《やまんば》が勢《いきお》いよく突進《とっしん》してきてシンに向《む》かって剣《けん》をふりかぶった！

「！！！」

山姥《やまんば》の剣《けん》が、シンを今《いま》にも切《き》り裂《さ》きそうだ！

「わわっ！」

間一髪《かんいっぱつ》、シンはなんとかよける。それから、山姥《やまんば》の攻撃《こうげき》をひらひらとかわしていく。

「ぐおおお！！！」

山姥《やまんば》はいら立《だ》って、鬼《おに》のような怖《こわ》い顔《かお》で雄《お》たけびをあげる。シンは一瞬《いっしゅん》ひるんだが、すぐに気持《きも》ちを立《た》て直《なお》して、強《つよ》い目《め》で山姥《やまんば》をにらんだ。そして、山姥《やまんば》の足《あし》を踏《ふ》み台《だい》にして、天井《てんじょう》まで届《とど》きそうなくらい高《たか》く高《たか》く飛《と》び上《あ》がった！

「うおおおおおっ！」

シンは山姥《やまんば》に負《ま》けないくらい大《おお》きな声《こえ》をあげると、その頭《あたま》めがけてバシーンッ!!　ダンクシュートを決《き》めるようにおはぎを打《う》ちつけた！

ゴッ……フォォォォォ……。

すさまじい音《おと》を立《た》てて、山姥《やまんば》の頭《あたま》のてっぺんにある目玉《めだま》からたくさんのエネルギーが外《そと》にもれ出《で》てくる。山姥《やまんば》の苦《くる》しそうな雄《お》たけびが屋敷中《やしきじゅう》にひびく。

「ぐうぅ！　おあああああああっ!!」

山姥《やまんば》は、うずくまって激《はげ》しくもだえている。イツキがタエに声《こえ》をかける。

「今《いま》だ！　ヤツに札《ふだ》を!!」

タエは、お札《ふだ》を手《て》にするが、暴《あば》れる山姥《やまんば》に近寄《ちかよ》れない。そこで、イツキがタエのもとへ走《はし》り、その手《て》からお札《ふだ》を取《と》ると、

「これでも食《く》らえ――――!!」

と、山姥《やまんば》にバシッと貼《は》りつけた！　すると、お札《ふだ》の文字《もじ》が光《ひかり》を放《はな》ち、どす黒《ぐろ》い妖気《ようき》が一気《いっき》にふき出《だ》して、山姥《やまんば》の体《からだ》がどんどん干《ひ》からびていく。肌《はだ》はますますしわしわに、大《おお》きく広《ひろ》がっていた髪《かみ》の毛《け》も、ちりちりになってしぼんでいく。シンとタエは、イツキのもとに集《あつ》まった。

「ホントに弱点《じゃくてん》だったんだ、おはぎ」

シンがつぶやく。山姥《やまんば》は、人間《にんげん》と同《おな》じぐらいのサイズまでちぢむと、最後《さいご》にあわい光《ひかり》を帯《お》びて、その場《ば》にドサッと倒《たお》れた。光《ひかり》の中《なか》から、小《ちい》さな妖怪《ようかい》がボンッと抜《ぬ》け出《だ》した。すると、山姥《やまんば》の体《からだ》は完全《かんぜん》に消滅《しょうめつ》し、タエの祖母《そぼ》であるキネの姿《すがた》になった。

「おばあちゃん！」

タエは、キネにかけ寄《よ》る。

「……ん……んん……」

イツキがキネの体《からだ》を仰向《あおむ》けにして、意識《いしき》を確《たし》かめる。

「大丈夫《だいじょうぶ》だ。気《き》を失《うしな》っているだけだ」

イツキの言葉《ことば》に、タエはホッと息《いき》をついた。

「よかった……」

その近《ちか》くで、和服《わふく》を着《き》た小《ちい》さなおばあさんの妖怪《ようかい》『ヤマンバァ』がピョンピョンと跳《は》ねながら泣《な》いている。満月《まんげつ》のような丸《まる》い髪飾《かみかざ》りを揺《ゆ》らしながら、そのまさりげなく外《そと》に出《で》ていこうとするヤマンバァを、イツキが見《み》つける。

「止《と》まるんだ！」

ヤマンバァはビクッとして立《た》ち止《ど》まった。

「こいつが、山姥《やまんば》の正体《しょうたい》……」

恐《おそ》ろしい山姥《やまんば》の正体《しょうたい》がこんなに小《ちい》さな妖怪《ようかい》だったなんて……シンは、不思議《ふしぎ》な気持《きも》ちでヤマンバァを見下《みお》ろした。ヤマンバァは冷《ひ》や汗《あせ》をたらしながら、シンにこびるようにつくり笑《わら》いを浮《う》かべる。さらに、命《いのち》を助《たす》けてほしくてかわいく手《て》をふる。しかし、イツキはクールに言《い》い放《はな》つ。

「タエ、さっきの妖術《ようじゅつ》でとどめを刺《さ》すんだ」

「え!?」

タエとシンはイツキを見《み》た。後《あと》ずさるヤマンバァを、イツキがにらみつける。

「放《ほう》っておいたらまた誰《だれ》かにとり憑《つ》いて人間《にんげん》をおそう。だから今《いま》、とどめを刺《さ》すんだ！」

ヤマンバァは「そんなことはしない」と、目《め》いっぱい両手《りょうて》をふってアピールする。

「ババア、この家《いえ》、守《まも》ってた。この家《いえ》、悪《わる》い奴《やつ》、欲《ほ》しがる宝《たから》ある」

「話《はな》せるんだ……」

シンは、ヤマンバァをのぞきこんだ。しかし、イツキは容赦《ようしゃ》しない。

「見苦《みぐる》しいぞ、妖怪《ようかい》!!」

イツキの迫力《はくりょく》に、ヤマンバァが黙《だま》る。

「タエのばあさんにとり憑《つ》いてたのは事実《じじつ》だろ」

ヤマンバァはしゅんとしてつづける。

「ババァ、宝守《たからまも》ってた」

「都合《つごう》のいいことを言《い》うな！　……俺《おれ》は、お前《まえ》のような人間《にんげん》を食《く》いものにする妖怪《ようかい》を許《ゆる》してはおけねえんだっ！」

「バァ……」

ヤマンバァがうつむく。そのときキネが小《ちい》さな声《こえ》をもらし、手《て》をついて起《お》き上《あ》がると、ヤマンバァをぐっと強《つよ》い目《め》でにらんだ。

「そうじゃ！　われわれの一族《いちぞく》は、月《つき》の女神《めがみ》ツクヨミ様《さま》に守《まも》られた一族《いちぞく》なのじゃ。その体《からだ》を乗《の》っ取《と》るなど、なんと邪悪《じゃあく》な！」

「やるんだ！　タエ！」

イツキが、キネに寄《よ》りそっていたタエをふり返《かえ》る。

「……」

タエは、ためらった様子《ようす》で目《め》の前《まえ》の小《ちい》さくて弱《よわ》そうな妖怪《ようかい》を見《み》た。

「待《ま》って！」

口《くち》を開《ひら》いたのはシンだった。

「いや、こいつ、それほど悪《わる》いヤツじゃない気《き》がするんだ。妖怪《ようかい》にも、いろいろと事情《じじょう》があるんじゃないかな」

「バァ！」

うつむいていたヤマンバァが、顔《かお》を上《あ》げてシンの方《ほう》をチラッと見《み》る。

「ダメだ！　人《ひと》をおそう妖怪《ようかい》は、根絶《ねだ》やしにする！」

強《つよ》い言葉《ことば》を投《な》げつけるイツキに、いつもはおだやかなシンも強《つよ》く言《い》い返《かえ》す。

「イツキ！　憎《にく》んでばかりじゃダメだよ。だいたいこの妖怪《ようかい》はオレたちの本当《ほんとう》の敵《てき》じゃないだろ！」

「シン……」

タエも勇気《ゆうき》を出《だ》してイツキに言《い》う。

「私《わたし》も、助《たす》けてあげたい。おばあちゃんだって無事《ぶじ》だったし。ヤマンバァは屋敷《やしき》に近寄《ちかよ》った人《ひと》を追《お》い払《はら》っていただけだよ。きっと……」

「チッ。お前《まえ》ら、どこまでお人《ひと》よしなんだ。妖怪《ようかい》ってヤツはなぁ……」

そのとき、すきを狙《ねら》って、ヤマンバァがみんなを飛《と》び越《こ》えるようにジャンプ！　これた入口《いりぐち》から、すばやい動《うご》きで廊下《ろうか》へ飛《と》び出《だ》した。そして、さっきまでしょぼくれていたのがウソのように、飛《と》び跳《は》ねながら逃《に》げていく。

「！！！」

一瞬《いっしゅん》の出来事《できごと》にあっ気《け》に取《と》られているシンたちをおいてけぼりにして、ヤマンバァは軽《かろ》やかな身《み》のこなしで、あっという間《ま》に見《み》えなくなってしまった。

「チッ！　逃《に》げやがった。知《し》らねえぞ。あいつがまたほかのところで人《ひと》を苦《くる》しめてもよ」

イツキの言葉《ことば》に、シンとタエは苦笑《くしょう》するしかなかった。すると、キネがタエを呼《よ》んだ。

「タエよ」

「？」

「山姥《やまんば》の中《なか》から見《み》ておったぞ。弱《よわ》い心《こころ》に打《う》ち勝《か》ったんじゃな」

「おばあちゃん……」

タエを見《み》て、キネはうれしそうにほほ笑《え》んだ。

「よく頑張《がんば》ったな」

キネのやさしい言葉《ことば》に、目《め》がウルウルする。

「ううう……」

せっかく弱《よわ》さに打《う》ち勝《か》ったんだから泣《な》いちゃいけないと、タエは一生懸命《いっしょうけんめい》、涙《なみだ》をこらえた。でも、キネがタエの肩《かた》にポンと手《て》を置《お》いたとたん、がまんしていた思《おも》いがあふれ出《だ》すように、タエはキネに抱《だ》きついて大《おお》きな声《こえ》で泣《な》いた。

「おばあちゃ〜〜〜〜ん！」

キネは、そんなタエの頭《あたま》をやさしくなでるのであった。

7　ウォッチに選《えら》ばれた少年《しょうねん》

山姥《やまんば》を倒《たお》したあと、屋敷《やしき》の縁側《えんがわ》に腰《こし》かけ、イツキは、キネにどうしてこの屋敷《やしき》に来《き》たのかを話《はな》した。

「俺《おれ》は絶対《ぜったい》に姉《ねえ》ちゃんを取《と》り戻《もど》す。だから、この家《いえ》にあるっていう妖怪《ようかい》ウォッチを貸《か》してほしいんだ！」

「ふむ」

キネは、じっと一点《いってん》を見《み》つめて、少《すこ》し考《かんが》えてから口《くち》を開《ひら》いた。

「お主《ぬし》、妖怪《ようかい》ウォッチをなにに使《つか》うつもりだい？」

「妖怪《ようかい》を操《あやつ》って、玉藻前《たまものまえ》を倒《たお》すんだ！」

イツキは力《ちから》をこめて答《こた》えた。

「操《あやつ》る……それはちょっと違《ちが》うかのう」

「どう違《ちが》うんだ？」

「妖怪《ようかい》ウォッチは、妖怪《ようかい》を操《あやつ》る道具《どうぐ》ではない。妖怪《ようかい》の力《ちから》を必要《ひつよう》とするならば、妖怪《ようかい》を友《とも》とし、仲間《なかま》とせねばならん」

「妖怪《ようかい》と仲間《なかま》……」

その言葉《ことば》にイツキは少《すこ》しとまどった。姉《あね》を殺《ころ》したのは妖怪《ようかい》だ。その妖怪《ようかい》と仲間《なかま》になるなんて……イツキはうつむくと、もっていた湯《ゆ》のみを置《お》いて、ポケットから３つのカギのようなものを出《だ》した。

「じゃあ、これはどう使《つか》うんだ？」

キネは、イツキの出《だ》したものを見《み》て、目《め》を見開《みひら》く。

「おっ、お主《ぬし》、『アーク』まで持《も》っておるのか！」

「これ、アークっていうのか」

キネはぐっとイツキの方《ほう》に身《み》を乗《の》り出《だ》して、アークを見《み》た。

「おお！　猫又《ねこまた》、河童《かっぱ》、座敷童子《ざしきわらし》！　王道《おうどう》じゃな！」

キネは興奮《こうふん》をおさえるように手《て》にグッと力《ちから》をこめて立《た》ち上《あ》がると、イツキを見《み》た。

「よかろう！　ついて来《く》るがよい！」

イツキたちは、庭《にわ》の奥《おく》にある立派《りっぱ》な蔵《くら》に案内《あんない》された。うす暗《ぐら》い蔵《くら》の中《なか》には、古《ふる》い置物《おきもの》や巻物《まきもの》、壺《つぼ》、太鼓《たいこ》などいろいろな物《もの》が置《お》かれていて、あやしげな空気《くうき》に包《つつ》まれている。シンが息《いき》をもらす。

「なんか、見《み》たことないものがいっぱいだ……」

「余計《よけい》なものにさわるでないぞ。中《なか》には危険《きけん》なものもあるからの」

シンは、たくさんの不思議《ふしぎ》な物《もの》の中《なか》でも、壁《かべ》のすみに立《た》てかけられていた古《ふる》い剣《けん》がなぜか気《き》になったが、キネの忠告通《ちゅうこくどお》り、さわらないようにした。

キネは、一番奥《いちばんおく》の棚《たな》から小《ちい》さな箱《はこ》を取《と》り出《だ》すと、両手《りょうて》で大事《だいじ》そうにふたを開《あ》け、イツキを見《み》る。

「さあ手《て》に取《と》るがよい」

「！！！」

箱《はこ》の中《なか》には、紫色《むらさきいろ》の布《ぬの》の上《うえ》に白《しろ》く輝《かがや》く腕時計《うでどけい》のようなものがあった。

「これが……？」

イツキは、生《う》まれて初《はじ》めて見《み》る妖怪《ようかい》ウォッチに息《いき》をのんだ。

「いかにも。わが一族《いちぞく》に伝《つた》わる妖怪《ようかい》ウォッチじゃ」

「やっと、たどり着《つ》いたぜ」

イツキは、妖怪《ようかい》ウォッチを手《て》に取《と》ると、左腕《ひだりうで》にはめてみた。つけ心地《ごこち》を確《たし》かめるように、腕《うで》を持《も》ち上《あ》げると、とつぜん妖怪《ようかい》ウォッチがイツキの腕《うで》の上《うえ》でふるえはじめた。

「なにっ⁉」

妖怪《ようかい》ウォッチは、まるでイツキを嫌《いや》がるかのように、パンッと音《おと》を立《た》てて勝手《かって》に腕《うで》から外《はず》れると、床《ゆか》に落《お》ちてしまった。

「！！！」

みんながあ然《ぜん》としている中《なか》、キネがため息《いき》をついた。

「……どうやら選《えら》んではもらえなかったようじゃのう。妖怪《ようかい》ウォッチは選《えら》ばれた者《もの》でなければ扱《あつか》うことはできぬ」

イツキはがっくりとうなだれ、くやしそうにこぶしをにぎった。

「なんでだよっ‼　俺《おれ》じゃ、ダメなのか……」

「無念《むねん》じゃろうがどうにもならん。そうやすやすとつけられる者《もの》はおらんの……」

キネが言葉《ことば》を言《い》い終《お》わる前《まえ》に、シンが声《こえ》をあげた。

「ついた！」

「！！！」

みんな、シンのほうを見《み》る。キネがあわてふためいて、ワタワタとかけ寄《よ》ってくる。

「おっ、お主《ぬし》!!　つけとるんか――いっ!!」

キネは、妖怪《ようかい》ウォッチをつけているシンを見《み》て、大興奮《だいこうふん》でその腕《うで》をにぎる。シンは思《おも》わずのけぞる。

「うわっ！」

「し、信《しん》じられん！　妖怪《ようかい》ウォッチを扱《あつか》える人間《にんげん》が現《あらわ》れるとは……」

「すごい！　ほんとに外《はず》れないみたいだね！」

タエがイツキを見《み》て言《い》う。

「これでなんとかなるよね？」

「……そうだな」

イツキは、自分《じぶん》ではなくシンが選《えら》ばれたことに、ちょっと複雑《ふくざつ》な気持《きも》ちになりつつもうなずくと、シンをまっすぐに見《み》た。

「シン、頼《たの》むぞ！」

「うん！」

シンは、自分《じぶん》の腕《うで》に巻《ま》きついた妖怪《ようかい》ウォッチを見《み》つめた。

「よし！　これで母《かあ》ちゃんを……！」

シンの思《おも》いに応《こた》えるように、妖怪《ようかい》ウォッチがキラリと輝《かがや》いた。

8　シンの守護霊《しゅごれい》スーさん

その日《ひ》の夕方《ゆうがた》、イツキとシンとタエは、決石部《けっいしべ》の丘《おか》にやってきていた。３人《にん》は細《ほそ》い階段《かいだん》の先《さき》、丘《おか》のてっぺんにある大《おお》きな木《き》の根《ね》もとに座《すわ》って、シンの腕《うで》にある妖怪《ようかい》ウォッチを見《み》た。

「妖怪《ようかい》ウォッチも手《て》に入《はい》ったし、これで玉藻前《たまものまえ》と戦《たたか》えるぞ！」

「うん！」

イツキの言葉《ことば》にシンとタエがうなずく。イツキは、重《おも》たい口調《くちょう》でつづける。

「だが、敵《てき》は凶悪《きょうあく》だ。ふたりとも、覚悟《かくご》はできているな。俺《おれ》たちが逆《ぎゃく》に魂《たましい》をうばわれて死《し》ぬことになるかもしんねえ……」

「……」

「……」

オレンジ色《いろ》の美《うつく》しい夕日《ゆうひ》が、町《まち》を照《て》らしている。

「……覚悟《かくご》はいいか」

イツキの言葉《ことば》に、シンはしっかりとうなずいた。

「うん。母《かあ》ちゃんを救《すく》うためだ。どうせひとりぼっちだし覚悟《かくご》はできてる！」

「ひとりぼっちか……俺《おれ》もだ」

「え？」

イツキの言《い》ったことに少《すこ》しおどろいて、シンはイツキを見《み》た。お姉《ねえ》さんが死《し》んでしまったことは聞《き》いていたが、お父《とう》さんやお母《かあ》さんの話《はなし》は聞《き》いていなかった。

「俺《おれ》のおふくろも病気《びょうき》で早《はや》くに死《し》んだんだ。おやじは大《おお》きな会社《かいしゃ》の社長《しゃちょう》だったが、会社《かいしゃ》が不正《ふせい》な取引《とりひき》をしているって容疑《ようぎ》をでっちあげられた……悪《わる》いヤツらにだまされたのさ」

イツキは、お父《とう》さんが逮捕《たいほ》されてしまった日《ひ》のことを思《おも》い出《だ》した。ワナにはめられたのに、お父《とう》さんは言《い》い訳《わけ》もせず、き然《ぜん》としていた。

「おやじは、会社《かいしゃ》と社員《しゃいん》を守《まも》るために、すべてを手放《てばな》して責任《せきにん》を取《と》った」

イツキは、お父《とう》さんから言《い》われた最後《さいご》の言葉《ことば》を思《おも》い出《だ》した。

「人《ひと》の上《うえ》に立《た》つということは、その者《もの》たちの人生《じんせい》を背負《せお》うということだ。お前《まえ》を大変《たいへん》な目《め》にあわせてしまうな。だがな、これだけは覚《おぼ》えておいてくれ。この道《みち》を選《えら》んだことに、お父《とう》さんは、少《すこ》しの後悔《こうかい》もない」

イツキは、しずんでいく夕日《ゆうひ》を見《み》て、目《め》をうるませた。

「過労《かろう》がたたったのか、おやじはそのあと病気《びょうき》でいっちまった……バカなヤツだよ…」

ほおを一筋《ひとすじ》の涙《なみだ》がつたう。いつも強気《つよき》なイツキが肩《かた》をふるわせているのを横《よこ》で感《かん》じて、シンはそっとイツキの方《ほう》を見《み》た。

「イツキ……」

「……」

タエも黙《だま》ってイツキに寄《よ》りそっている。イツキはさっと涙《なみだ》をぬぐった。

「でも俺《おれ》は、そんなおやじを尊敬《そんけい》してるんだ」

イツキはすくっと立《た》ち上《あ》がり、遠《とお》くを見《み》つめた。

「いつか、おやじのように多《おお》くの人《ひと》たちを率《ひき》いて、大《おお》きなことができる男《おとこ》に俺《おれ》はなるっ‼」

イツキの決意《けつい》に、シンとタエは立《た》ち上《あ》がってうなずく。

「うん！」

「じゃあそのためにも絶対負《ぜったいま》けられないね！」

「ああ！」

「私《わたし》も手伝《てつだ》う！」

タエも張《は》りきって宣言《せんげん》した。

「よしっ！　これで決《き》まりだ！　玉藻前《たまものまえ》を倒《たお》して魂《たましい》を取《と》り戻《もど》すぞ！」

「ああ！」

「うん！」

盛《も》り上《あ》がっている3人《にん》の横《よこ》で、小《ちい》さな影《かげ》が雪《ゆき》だるまをつくっている。

「……で、アイツなんだが……」

イツキは、さっきから雪遊《ゆきあそ》びをしている落《お》ち武者《むしゃ》の方《ほう》を見《み》た。落《お》ち武者《むしゃ》は、かまくらの中《なか》の雪《ゆき》をせっせとかき出《だ》しているところだ。

「ねえ」

落《お》ち武者《むしゃ》は、声《こえ》をかけてきたシンにびっくりして、かまくらに頭《あたま》をぶつけた。

そして、自分《じぶん》の姿《すがた》が見《み》えているとわかると、かしこまって、ピシッと礼《れい》をした。

「せ、拙者《せっしゃ》、シン殿《どの》の守護霊《しゅごれい》を務《つと》めさせていただいておる、しがない武士《ぶし》にござるっ！」

竹刀《しない》を腰《こし》にたずさえて堂々《どうどう》と胸《むね》を張《は》る落《お》ち武者《むしゃ》を見《み》て、タエが目《め》を丸《まる》くする。

「しゃべった！」

「うん。しゃべった……へぇ、ほんとに守護霊《しゅごれい》なんだー」

「それより、なんでとつぜん見《み》えるようになったんだ？」

落《お》ち武者《むしゃ》によると、シンとイツキは、山姥《やまんば》の強《つよ》い妖力《ようりょく》にふれたことで『妖力《ようりょく》の目《め》』が開《ひら》いて、落《お》ち武者《むしゃ》のことが見《み》えるようになったらしい。

「ねえ、名前《なまえ》は？」

シンの質問《しつもん》に、落《お》ち武者《むしゃ》は困《こま》ったように考《かんが》えこんだ。

「名《な》はあるにはあるのですが、名乗《なの》る資格《しかく》を持《も》ちあわせておりませぬ。よって、今《いま》は『スーさん』とでも呼《よ》んでくだされ」

シンはスーさんと目線《めせん》を合《あ》わせるようにしゃがみこむと、その肩《かた》に手《て》を置《お》いた。

「スーさん、今《いま》まで守護霊《しゅごれい》でいてくれてありがとう！」

「シン殿《どの》……」

スーさんは目《め》をウルウルさせた。

「でも守護霊《しゅごれい》っていうんなら、なんでシンの母《かあ》ちゃんを守《まも》ってやれなかったんだ？」

イツキのするどい問《と》いに、スーさんはギクッとする。

「!!　ううぅ、まったくでござる。拙者《せっしゃ》が守護霊《しゅごれい》ですまんでござる……」

スーさんは責任《せきにん》を感《かん》じてがっくりとうなだれ座《すわ》りこんだ。

「いいんだよ。スーさんのせいじゃないよ」

寄《よ》りそうシンに、スーさんはくやしそうにつづける。

「守護霊《しゅごれい》として失格《しっかく》でござる!!　愛剣《あいけん》をなくして以来《いらい》、力《ちから》が出《で》ないばかりか、記憶《きおく》もうすれ、自分《じぶん》がなに者《もの》であったのかも覚《おぼ》えておりませぬ……」

どうやらスーさんは、もともとは竹刀《しない》ではなくて剣《けん》を持《も》っていたようなのだが、それをなくしてしまったらしい。

「かつては一目置《いちもくお》かれる存在《そんざい》、であったような気《き》もするのでござるが……」

そう言《い》ってゆっくり立《た》ち上《あ》がると、オレンジ色《いろ》の夕日《ゆうひ》をながめた。丘《おか》を風《かぜ》が吹《ふ》き抜《ぬ》けていく。イツキはスーさんの言葉《ことば》が信《しん》じられないというように、肩《かた》をすくめた。

「一目置《いちもくお》かれる存在《そんざい》ねぇ」

スーさんは、シンのほうに向《む》き直《なお》った。

「シン殿《どの》の母上《ははうえ》を守《まも》れなかったこと、拙者《せっしゃ》の力不足《ちからぶそく》でござる……」

シンはスーさんに歩《あゆ》み寄《よ》ってほほ笑《え》んだ。

「くよくよするのはよそう！　まだ助《たす》ける方法《ほうほう》があるんだしさ！」

「シン殿《どの》！」

ニッコリとほほ笑《え》むシンを見《み》て、スーさんは胸《むね》のつかえがとれたようにうれしくなり、かぶとのところでしおれていたキノコも、ピコッと上《うえ》を向《む》いて元気《げんき》になった。シンは、スーさんを見《み》て元気《げんき》にうなずいた。

「うん！」

イツキもスーさんの近《ちか》くに来《く》る。

「まあ今回《こんかい》はコイツに助《たす》けられたわけだしな。落《お》ち武者《むしゃ》、お前《まえ》も力《ちから》を貸《か》せ！」

確《たし》かに、スーさんが持《も》ってきてくれたおはぎのおかげで、山姥《やまんば》を倒《たお》すことができた。

「本当《ほんとう》でござるか！　拙者《せっしゃ》を連《つ》れて行《い》ってくださるでござるか!?」

「これからもお願《ねが》いしますね！」

タエもほほ笑《え》んでうなずく。スーさんは、３人《にん》に向《む》かって武士《ぶし》らしく礼《れい》をした。

「ありがたき幸《しあわ》せ！」

イツキが、みんなのリーダーらしく号令《ごうれい》をかける。

「じゃあ、さっそくだが、戻《もど》って玉藻前《たまものまえ》を倒《たお》す策《さく》でも練《ね》るとするか！」

「おー！」

イツキにシン、タエ、それにスーさんは、ならんで夕日《ゆうひ》をながめた。必《かなら》ず玉藻前《たまものまえ》を倒《たお》して、みんなの魂《たましい》を取《と》り戻《もど》す！　そう改《あらた》めて決意《けつい》する４人《にん》であった。

９　妖怪《ようかい》と面接《めんせつ》!?

イッキの家《いえ》に戻《もど》ると、3人《にん》とスーさんは臼田《うすた》が手《て》に入《い》れたという玉藻前《たまものまえ》の映像《えいぞう》を見《み》た。

それは、想像《そうぞう》を絶《ぜっ》する恐《おそ》ろしい姿《すがた》をしていた。黒髪《くろかみ》の生《は》えた白《しろ》い狐《きつね》の顔《かお》に、胴体《どうたい》は竜《りゅう》のように長《なが》い。10本足《ぽんあし》で9本《ほん》の尾《お》を生《は》やし、おなかのあたりに大《おお》きな口《くち》がある。

映像《えいぞう》を見終《みお》わった3人《にん》に、臼田《うすた》が尋《たず》ねる。

「いかがでしたか？　玉藻前《たまものまえ》。通称《つうしょう》タマモのご感想《かんそう》は」

「タマモって……」

タエが軽《かる》くつっこんだあと、イッキが深刻《しんこく》な顔《かお》で言《い》う。

「思《おも》った以上《いじょう》に凶悪《きょうあく》なヤツだな……」

「コイツが母《かあ》ちゃんを……」

シンはくやしそうに唇《くちびる》をかんだ。

「ところで臼田《うすた》、これどうやって撮影《さつえい》した？」

「そこはお気《き》になさらずに。ほっほほほ」

イッキの質問《しつもん》に臼田《うすた》は奇妙《きみょう》な高笑《たかわら》いをした。不思議《ふしぎ》な執事《しつじ》だなと思《おも》いつつも、イッキは気《き》を取《と》り直《なお》してポケットからアークを取《と》り出《だ》した。

「よしっ！　まずは妖怪《ようかい》ウォッチの力《ちから》を試《ため》してみよう」

「うん！　そうだね」

シンは、妖怪《ようかい》ウォッチをしている左腕《ひだりうで》をイツキの持《も》つアークに近《ちか》づけてみた。

……　……。なにも起《お》きない……。

「どうするんだ、これ？」

イツキは首《くび》をかしげた。考《かんが》えてみると、ウォッチの使《つか》い方《かた》までは知《し》らなかった。

「タエ、知《し》ってる？」

シンはタエを見《み》るが、タエは首《くび》を横《よこ》にふる。

「使《つか》い方《かた》は知《し》らない」

すると、臼田《うすた》がいきなり話《はなし》に入《はい》ってきた。

「わたくし、知《し》っております！」

「えぇ――――っ!!　なんで??」

おどろく3人《にん》には答《こた》えずに、臼田《うすた》は手《て》をおなかの前《まえ》で組《く》んでかしこまると、使《つか》い方《かた》を説《せつ》明《めい》しはじめた。

「ではシン様《さま》、わたくしの言《い》う通《とお》りにくり返《かえ》してください」

「うん」

臼田《うすた》は得意《とくい》げに人差《ひとさ》し指《ゆび》を立《た》てる。

「まずはアークを妖怪《ようかい》ウォッチにさして回《まわ》してください」

「まずはアークを妖怪《ようかい》ウォッチにさして回《まわ》して……」

シンは臼田《うすた》の言《い》った通《とお》りにくり返《かえ》した。

「違《ちが》います！」

臼田《うすた》がつっこむ。まだくり返《かえ》すのは早《はや》いようだ。

「アークを回《まわ》したらふたが開《あ》くので、そこにアークを乗《の》せて言《い》うのです！『召喚《しょうかん》！オレのともだち、出《で》てこい、猫又《ねこまた》！』」

「わかった！」

シンは、臼田《うすた》の言《い》う通《とお》りに妖怪《ようかい》ウォッチの手前《てまえ》にあるカギ穴《あな》のようなところにアークをさしこんで回《まわ》した。すると、ウォッチのふたがパカッと開《あ》いた！

「召喚《しょうかん》！　オレのともだち、出《で》てこい、猫又《ねこまた》！」

ふたが開《あ》いたところにアークをビシッと重《かさ》ねる！　すると、アークがまばゆい光《ひかり》を放《はな》ち周囲《しゅうい》を包《つつ》みこむ。ウォッチをかまえると、シンのうしろの影《かげ》がにゅーんと伸《の》びて、そこから妖気《ようき》が立《た》ち上《のぼ》り、妖怪《ようかい》が出現《しゅつげん》した！　その妖怪《ようかい》は、シュルルルルッと高速《こうそく》で回転《かいてん》しながら、地面《じめん》にかっこよく着地《ちゃくち》すると、大《おお》きな声《こえ》で名乗《なの》った。

「猫又《ねこまた》！　またまたまたまた～登場《とうじょう》ニャン！」

猫又《ねこまた》は、かっこよく片足《かたあし》を上《あ》げたポーズをキメる！

「……またまたって、初対面《しょたいめん》だよね？」

タエが小声《こごえ》でつっこむ。

「コイツが、猫又《ねこまた》……」

小《ちい》さくて黒《くろ》くてしっぽが二股《ふたまた》にわかれた猫《ねこ》の妖怪《ようかい》を見《み》て、シンはぽかんとした。猫又《ねこまた》は、片足《かたあし》を上《あ》げたポーズがつらいのか、プルプルとふるえている。

「さあ、同様《どうよう》に、河童《かっぱ》と座敷童子《ざしきわらし》もお願《ねが》いします」

臼田《うすた》に言《い》われた通《とお》り、シンは河童《かっぱ》と座敷童子《ざしきわらし》もアークを使《つか》って召喚《しょうかん》した。

「ごぶさたしております。河童《かっぱ》でございます」

「座敷童子《ざしきわらし》だよ～！　楽《たの》しんでるか～い？」

ネクタイをしてよれよれのカバンを持《も》ったサラリーマンふうの河童《かっぱ》を見《み》て、シンがつっこむ。

「ごぶさたって……」

さらに、チャラ男風《おふう》にカッコつけたポーズをとる座敷童子《ざしきわらし》を見《み》て、タエもつっこむ。

「童子《わらし》って子供《こども》のことだよね……」

今《いま》、召喚《しょうかん》することのできる3妖怪《ようかい》がそろったところで、臼田《うすた》がニヤリと笑《わら》って言《い》った。

「えー、それでは面接《めんせつ》をはじめさせていただきまウッス！　まずは猫又《ねこまた》さん！」

「ニャ!?」

臼田《うすた》は、いきなり妖怪《ようかい》たちと面接試験《めんせつしけん》をはじめた。趣味《しゅみ》や特技《とくぎ》などを聞《き》いていくが、あまり役《やく》に立《た》ちそうにないものばかりだ。猫又《ねこまた》の特技《とくぎ》は寝《ね》ること、河童《かっぱ》の趣味《しゅみ》は川《かわ》で泳《およ》ぎまくること、座敷童子《ざしきわらし》の特技《とくぎ》は女性限定《じょせいげんてい》で3秒間《びょうかん》、時間《じかん》を止《と》められるというものだ。

イツキは、戦闘能力《せんとうのうりょく》の低《ひく》い妖怪《ようかい》たちにがっかりして、ため息《いき》をついた。

「ダメだ、こりゃ」

けん玉《だま》で遊《あそ》んでいるスーさん、鏡《かがみ》を見《み》ながら髪《かみ》を整《ととの》えている座敷童子《ざしきわらし》、くーくー寝《ね》ている猫又《ねこまた》に、ぼーっとしている河童《かっぱ》……。みんなの不安《ふあん》がつのる。

「こんなんでどうやって戦《たたか》うの……？」

がっくりするタエに、シンが前向《まえむ》きに言《い》う。

「有名《ゆうめい》な妖怪《ようかい》だから、きっと『秘《ひ》められし力《ちから》』とかあるんだよ！」

「んなわけ……」

と、イツキがつっこみかけたときに、とつぜんバタンと大《おお》きな音《おと》がした。見《み》ると、猫又《ねこまた》の前《まえ》で河童《かっぱ》が倒《たお》れている。

「ニャニャニャ！　大丈夫《だいじょうぶ》かニャン⁇　ついつい、秘《ひ》密《みつ》の力《ちから》がさく裂《れつ》したニャン」

河童《かっぱ》に向《む》かってあやまる猫又《ねこまた》を見《み》て、イツキたちは顔《かお》を輝《かがや》かせた。

「秘《ひ》密《みつ》の力《ちから》⁉」

そのとき、猫又《ねこまた》の表情《ひょうじょう》が変《か》わった。大《おお》きな力《ちから》をためこんでいるのか、なにかをがまんしているみたいに苦《くる》しそうだ。

「また秘《ひ》密《みつ》の力《ちから》が呼《よ》んでるニャン……呼《よ》んでるニャン、呼《よ》んでるニャン！　大《だい》ラブコールだニャン！」

秘密《ひみつ》の力《ちから》がいったいどんなものなのか、イツキたちがワクワクして見守《みまも》っている中《なか》、猫《ねこ》又《また》はブホホォオォオォッと特大《とくだい》の音《おと》を立《た》てておならをかました。猫《ねこ》又《また》のおしりから放《はな》たれた強烈《きょうれつ》なガスに、座敷童子《ざしきわらし》とスーさんが倒《たお》れる。

「ああっ〜〜〜またまたごめんニャン！」

猫又《ねこまた》はハッとしてシンたちの方《ほう》を見《み》た。イツキが鼻《はな》をつまんで言《い》う。

「とんだ『秘《ひ》められし力《ちから》』だぜ……」

10 玉藻前《たまものまえ》との決戦《けっせん》！

次《つぎ》の日《ひ》、イツキとシンとタエは、さくら元町《もとまち》の中心地《ちゅうしんち》、お店《みせ》が建《た》ちならぶ元町通《もとまちどお》りにやってきていた。3人《にん》は電柱《でんちゅう》の陰《かげ》から、通《とお》りの様子《ようす》をうかがっている。猫又《ねこまた》は電柱《でんちゅう》の上《うえ》から町《まち》を見下《みお》ろし、スーさんは竹刀《しない》のすぶりをしている。

「この辺《へん》にタマモがいるの？」

シンがイツキに聞《き》く。

「ここは、姉《ねえ》ちゃんがとつぜん走《はし》り出《だ》した場所《ばしょ》なんだ。まずはここから調《しら》べてみよう」

「でもこんなに人《ひと》がいるのに、どうやって見《み》つけるの？」

「オレっちに任《まか》せるニャン！」

そう言《い》って猫又《ねこまた》が電柱《でんちゅう》からジャンプして、スーさんの頭《あたま》でボヨンと跳《は》ねて地面《じめん》におりたった。鼻《はな》の穴《あな》を広《ひろ》げてクンクンとあたりのにおいをかぐ。猫《ねこ》だから鼻《はな》がきくようだ。

においをかぎながらどんどん前進《ぜんしん》する猫又《ねこまた》を、3人《にん》は頼《たの》もしそうに見守《みまも》っている。

「はっ！」

猫又《ねこまた》はなにかに気《き》づいて、後《うし》ろ歩《ある》きでさっと戻《もど》ってくると、みんなのほうをふり返《かえ》った。

「オレっち、その妖怪《ようかい》のにおい、知《し》らないニャン！」

え――――っ!!　頼《たよ》りにしてたのに。全員《ぜんいん》、思《おも》わずズッコケる。

「そうだ。妖魔探知機《ようまたんちき》でもさがしてみるね」

タエがポケットから妖魔探知機《ようまたんちき》を取《と》り出《だ》した。一方《いっぽう》、猫又《ねこまた》は『大判焼《おおばんや》きのタマ屋《や》』のおいしそうな甘《あま》ーい香《かお》りに引《ひ》き寄《よ》せられていく。

「毎度《まいど》あり〜」

店番《みせばん》をしているおさげのお姉《ねえ》さんは、花村《はなむら》タマ子《こ》だ。

「うまそうなにおいニャン！」

カウンターに飛《と》びついた猫又《ねこまた》を見《み》て、タマ子《こ》がほほ笑《え》む。

「あら、かわいいネコちゃん！」

「くださいニャン！」

離《はな》れた場所《ばしょ》から様子《ようす》を見《み》ていたタエが苦笑《にがわら》いする。

「猫又《ねこまた》ちゃんってば……」

「あそこの大判焼《おおばんや》き、母《かあ》ちゃんも好《す》きだったなぁ」

シンはお母《かあ》さんのことを思《おも》い出《だ》した。すると、イツキも思《おも》い出《だ》したように言《い》う。

「そういや、うちの姉《ねえ》ちゃんも……ん!?　まさかっ！」

イツキはハッとして、勢《いきお》いよくタマ屋《や》の方《ほう》へかけ出《だ》した。そして、猫又《ねこまた》と一緒《いっしょ》にいるタマ子《こ》に向《む》かって叫《さけ》ぶ。

「ちょっと待《ま》て!!　あんた、この猫妖怪《ねこようかい》が見《み》えるのか？」

「え⁉」

タマ子《こ》はわけがわからずとまどっている。すると、猫又《ねこまた》が言《い》う。

「そういえば、オレっち見《み》えないはずなのに、普通《ふつう》に売《う》ってくれたニャン！」

「自分《じぶん》が妖怪《ようかい》だから思《おも》わず対応《たいおう》しちまったようだな！」

イツキの言葉《ことば》に、タマ子《こ》がとつぜん怖《こわ》い顔《かお》になって笑《わら》い出《だ》した。

「ふっ、クククックククッ……」

その口《くち》が耳《みみ》まで大《おお》きく裂《さ》け、目《め》がつり上《あ》がる。タマ子《こ》は正体《しょうたい》がバレると、ヒャーッと奇《き》声《せい》をあげて、イツキを飛《と》び越《こ》えた！　空中《くうちゅう》で回転《かいてん》し、イツキの背後《はいご》に回《まわ》りこんでおり立《た》つ。

そして、とてつもない妖気《ようき》を帯《お》びると、みるみるうちに大《おお》きくなり、恐《おそ》ろしい顔《かお》の邪悪《じゃあく》な妖怪《ようかい》『玉藻前《たまものまえ》』の姿《すがた》になった。

イツキのお姉《ねえ》さんや、シンのお母《かあ》さんを殺《ころ》した犯人《はんにん》が、ついに目《め》の前《まえ》に姿《すがた》を現《あらわ》した！

玉藻前《たまものまえ》は、人間《にんげん》になりすまして大判焼《おおばんや》きを売《う》っては、客《きゃく》にとりついて魂《たましい》をうばっていたのだ。顔《かお》は恐《おそ》ろしい狐《きつね》、黒髪《くろかみ》を肩《かた》までたらして、口《くち》からはよだれがたれている。

「人間《にんげん》の分際《ぶんざい》で、私《わたし》の正体《しょうたい》を見破《みやぶ》ったか……」

イツキは強《つよ》い目《め》で玉藻前《たまものまえ》を見上《みあ》げた。

「てめえだけは、絶対《ぜったい》に許《ゆる》さねえ!!」

近《ちか》くでスーさんも玉藻前《たまものまえ》に向《む》かって竹刀《しない》をかまえているが、小《ちい》さな体《からだ》は大《おお》きな妖怪《ようかい》の視《し》界《かい》にも入《はい》らない。イツキたちは、町《まち》のまん中《なか》でどんどん巨大化《きょだいか》する玉藻前《たまものまえ》を河原《かわら》におびき出《だ》すことにした。

「ついてこい！　間抜《まぬ》け妖怪《ようかい》!!」

そう言《い》うと、イツキはかけ出《だ》し、先《さき》に走《はし》り出《だ》したタエを追《お》う。シンもすぐあとにつづく。

「生意気《なまいき》な口《くち》を……！」

玉藻前《たまものまえ》は怒《おこ》って黒髪《くろかみ》を逆立《さかだ》てると、すさまじい妖気《ようき》を発《はっ》してさらに変化《へんげ》し、いちだんと大《おお》きくなった。そして、竜《りゅう》のように長《なが》くなった体《からだ》をくねらせて、雄《お》たけびをあげる。

「グオオオオ〜ッ！」

イツキは全速力《ぜんそくりょく》で走《はし》りながらチラッと玉藻前《たまものまえ》を見《み》やる。

「クソッ！　さらに巨大化《きょだいか》しやがった！」

「アホとか間抜《まぬ》けとか言《い》うから〜」

走《はし》りながら、タエがイッキに文句《もんく》を言《い》う。玉藻前《たまものまえ》は、イッキたちのすぐうしろまで迫《せま》ると、すごい勢《いきお》いで大《だい》ジャンプ！　イッキたちの頭上《ずじょう》を越《こ》えて前《まえ》に回《まわ》りこみ、おそいかかってきた。

３人《にん》は、あわてて二手《ふたて》にわかれて攻撃《こうげき》をかわした。とにかく全速力《ぜんそくりょく》で走《はし》り、逃《に》げつづける。二手《ふたて》にわかれたうち、玉藻前《たまものまえ》はシンとタエのほうを追《お》いかけた。イッキは、ひとりで別《べつ》の方向《ほうこう》に走《はし》りながら考《かんが》えた。

「チクショー！　なにか弱点《じゃくてん》を……」

行《い》き止《ど》まりになった路地《ろじ》の先《さき》、イッキは建物《たてもの》の屋上《おくじょう》へとつながるハシゴを見《み》つけると、すぐに上《のぼ》りはじめた。

一方《いっぽう》、シンとタエとスーさんは追《お》ってくる玉藻前《たまものまえ》から必死《ひっし》に逃《に》げていた。とにかく全速《ぜんそく》力《りょく》で走《はし》りつづけるが、玉藻前《たまものまえ》はすぐ近《ちか》くに迫《せま》ってきている。

「グオオオオ！」

おそいかかってくる巨大《きょだい》な妖怪《ようかい》を、かろうじてかわす。

「うわぁぁ!!」

シンはスーさんを玉藻前《たまものまえ》の方《ほう》に押《お》し出《だ》したが、スーさんはなんの役《やく》にも立《た》たない。シンとタエは玉藻前《たまものまえ》の攻撃《こうげき》を受《う》け、塀《へい》を突《つ》き破《やぶ》り、せまい路地《ろじ》へと飛《と》び出《だ》してきた。そのはずみで、タエは路地裏《ろじうら》の家《いえ》の前《まえ》にあったベビーカーにすっぽりとはまってしまった。シンは、タエの乗《の》ったベビーカーを勢《いきお》いよく押《お》し、スピードをあげて走《はし》る。タエは恥《は》ずかしくて悲《ひ》鳴《めい》をあげる。

「ちょっとヤダー！　おろしてー―――！！！」

「今止《いまと》まれるわけないじゃーんっ！」

確《たし》かにシンの言《い》う通《とお》りだ。玉藻前《たまものまえ》は、ようしろまで迫《せま》ってきている。

「グオオオオオ！」

「はあっ！」

タエがベビーカーの上《うえ》から妖術《ようじゅつ》を放《はな》つ！

でも、玉藻前《たまものまえ》は簡単《かんたん》にはじき飛《と》ばしてしまう。

一方《いっぽう》、ハシゴを上《あ》がって屋上《おくじょう》に出《で》たイツキは、屋根《やね》づたいに玉藻前《たまものまえ》とシンたちを追《お》いかけていた。そして3人《にん》は、開《ひら》けた場所《ばしょ》に差《さ》しかかる。

「川《かわ》よ！」

タエが叫《さけ》ぶ。シンは、細《ほそ》い橋《はし》の手前《てまえ》できゅっと曲《ま》がり、川沿《かわぞ》いの道《みち》を走《はし》りはじめた。玉《たま》藻前《ものまえ》もシンたちを追《お》いかけて角《かど》を曲《ま》がろうとしたが、橋《はし》のところにあったカーブミラーが目《め》に入《はい》ると、ハッとして止《と》まった。

「!! うぎゃ――!!」

玉藻前《たまものまえ》は、とつぜんすさまじい叫《さけ》び声《ごえ》をあげ、ミラーをこわしはじめた。

「うぎゃ――っ!! あああっ！！！」

暴《あば》れながらバンバンとミラーを破壊《はかい》する。見《み》ると、シンたちが逃《に》げた川沿《かわぞ》いの道《みち》には、カーブミラーが点々《てんてん》と立《た》っている。

「グオォーン！」

玉藻前《たまものまえ》はたじろいで、来《き》た道《みち》を引《ひ》き返《かえ》した。

「……!?」

屋根《やね》の上《うえ》から玉藻前《たまものまえ》の行動《こうどう》をじっと見《み》ていたイツキが、眉《まゆ》をひそめた。どうして玉藻前《たまものまえ》は、シンたちを追《お》いかけるのをやめたんだろうか。あのミラーにどんな秘密《ひみつ》があるっていうんだ？　イツキは、グチャグチャにこわされたミラーを見《み》て考《かんが》えた。

シンたちは、河原《かわら》に着《つ》いて玉藻前《たまものまえ》が追《お》ってこないのを見《み》ると、ようやくひと息《いき》ついた。

「ハァハァハァ……」

タエは恥《は》ずかしそうにベビーカーからおりる。

「もう追《お》ってこないかな？」

シンの言葉《ことば》に、合流《ごうりゅう》したイツキが答《こた》える。

「気《き》を抜《ぬ》くな！　ヤツは来《く》るぞ！」

すると、玉藻前《たまものまえ》の吠《ほ》える声《こえ》が聞《き》こえてきた。

「グオオォーン！」

「!!」

玉藻前《たまものまえ》は近《ちか》くの建物《たてもの》の屋上《おくじょう》に姿《すがた》を現《あらわ》した。そして、すぐにそこからジャンプして、ズドーン！　と、ものすごい音《おと》を立《た》てて、３人《にん》の目《め》の前《まえ》におり立《た》つ。

いよいよ玉藻前《たまものまえ》と対決《たいけつ》だ。

イツキの指示《しじ》で、シンは水《みず》に強《つよ》い河童《かっぱ》を召喚《しょうかん》するが、逆《ぎゃく》に玉藻前《たまものまえ》に水《みず》で攻撃《こうげき》され、あっという間《ま》に消《け》されてしまった。

「くっ！」

イツキがくやしそうに唇《くちびる》をかむ。

「どうする、イツキ？」

「……!!」

イツキはシンの問《と》いに少《すこ》し考《かんが》えてから、ハッとした。確《たし》か、さっき、玉藻前《たまものまえ》は鏡《かがみ》を嫌《いや》がって先《さき》に進《すす》むのをやめた。それならば……。

「もしかしたら……」

イツキはシンとタエを見《み》た。

「……走《はし》れ！」

そう言《い》って、いきなり走《はし》り出《だ》す。

「え!?　えぇぇー!?」

シンとタエはあわててイツキのあとを追《お》う。玉藻前《たまものまえ》は余《よ》裕《ゆう》の笑《え》みを浮《う》かべた。

「ククク……逃《に》げられんよ」

11 ついに決着《けっちゃく》！ 玉藻前《たまものまえ》VS《バーサス》イツキ

全速力《ぜんそくりょく》で逃《に》げるイツキたちを、玉藻前《たまものまえ》が追《お》ってくる。

「ガァァァ!! そろそろ、しまいかねぇ……」

イツキが、走《はし》りながらみんなに号令《ごうれい》をかける。

「走《はし》れ、走《はし》れ、走《はし》れ!! 右《みぎ》だ――っ!!」

イツキに言《い》われた通《とお》り、シンとタエも右《みぎ》に曲《ま》がって、森《もり》のほうへ向《む》かう。

「イツキ！ この先《さき》は『鏡池《かがみいけ》』で行《い》き止《ど》まりだよ！ 水《みず》があっても河童《かっぱ》の力《ちから》じゃ…」

「わかってる！ 猫又《ねこまた》と座敷童子《ざしきわらし》を召喚《しょうかん》だ！」

3人《にん》は、森《もり》の中《なか》にある鏡池《かがみいけ》の前《まえ》まで走《はし》ってきた。池《いけ》のまん中《なか》までつづく木《き》でできた細《ほそ》い道《みち》をまっすぐにかけ抜《ぬ》ける。行《い》き止《ど》まりまで、とにかく精《せい》いっぱい走《はし》るしかない！ イツキの考《かんが》えはわからなかったが、シンはイツキを信《しん》じて妖怪《ようかい》たちを召喚《しょうかん》した。

「召喚《しょうかん》！ オレのともだち、出《で》てこい猫又《ねこまた》！ 座敷童子《ざしきわらし》！」

すると、妖怪《ようかい》ウォッチが発光《はっこう》し、猫又《ねこまた》と座敷童子《ざしきわらし》が同時《どうじ》に現《あらわ》れた！

「座敷《ざしき》！　お前《まえ》、女《おんな》なら3秒間時間《びょうかんじかん》を止《と》められるんだろ？」

出《で》てきた瞬間《しゅんかん》にイツキにそう言《い》われて、座敷童子《ざしきわらし》は一瞬《いっしゅん》たじろぐ。

「え!?」

「タマモを止《と》めてくれ！」

「ええ――っ！　タマモ!?」

座敷童子《ざしきわらし》がビビっている間《あいだ》にも、玉藻前《たまものまえ》は森《もり》の木々《きぎ》をバキバキとなぎ倒《たお》しながら近《ちか》づいてくる。イツキが言《い》う。

「来《く》るぞ！」

シンとイツキが前《まえ》に出《で》て、身《み》がまえる。

「ぎゃあああ！」

玉藻前《たまものまえ》は、森《もり》の中《なか》から姿《すがた》を現《あらわ》し、イツキたちのほうに一直線《いっちょくせん》に向《む》かってくる！

「今《いま》だっ！」

イツキが座敷童子《ざしきわらし》をふり返《かえ》った。座敷童子《ざしきわらし》は、池《いけ》の上《うえ》に浮《う》かび上《あ》がると、魅惑的《みわくてき》な笑《え》みを浮《う》かべ、バラを持《も》った手《て》をパッとかっこよく広《ひろ》げた。

「作法《さほう》！　3秒殺《びょうごろ》し！」

座敷童子《ざしきわらし》のバラからキラキラと花《はな》びらが舞《ま》い散《ち》る。

「がぁぁぁ！」

雄《お》たけびをあげながら迫《せま》ってきた玉藻前《たまものまえ》に、座敷童子《ざしきわらし》の美《うつく》しい妖力《ようりき》がぶつかる。玉藻前《たまものまえ》は体勢《たいせい》をくずして下《した》を向《む》き、動《うご》かなくなった。座敷童子《ざしきわらし》の攻撃《こうげき》が効《き》いたみたいだ！　イツキがすかさず言《い》う。

「タマモ、この池《いけ》の名前《なまえ》、知《し》ってるか？　鏡池《かがみいけ》だ！」

イツキの言葉《ことば》に反応《はんのう》し、玉藻前《たまものまえ》が思《おも》わず池《いけ》に映《うつ》った自分《じぶん》の顔《かお》を見《み》る。名前《なまえ》の通《とお》り、鏡《かがみ》のようにすんだ水面《みなも》に、玉藻前《たまものまえ》の恐《おそ》ろしい顔《かお》がはっきりと映《うつ》った。自分《じぶん》の姿《すがた》を見《み》たとたん、玉藻前《たまものまえ》は、苦《くる》しんでうめき声《ごえ》をあげはじめた。

「ううぅぅ……」

これまで赤《あか》くあやしい光《ひかり》を放《はな》っていた目《め》が、光《ひかり》を失《うしな》ってにごる。

「ぎゃあああ！！！」

「苦《くる》しんでる！」

シンが、空中《くうちゅう》でもがく玉藻前《たまものまえ》を見上《みあ》げて言《い》った。さらに、イッキは猫又《ねこまた》を持《も》ち上《あ》げ、玉《たま》藻前《ものまえ》めがけてふりかぶった。

「よし！　お前《まえ》の出番《でばん》だ～！」

「ニャオォォ」

いきなりの出番《でばん》にあたふたしている猫又《ねこまた》を、イッキは空《そら》に向《む》かって思《おも》いきり投《な》げた。猫《ねこ》又《また》はロケットみたいにビューンと勢《いきお》いよく飛《と》び出《だ》すと、一気《いっき》に上昇《じょうしょう》！　玉藻前《たまものまえ》を越《こ》えて、さらに上《うえ》へ上《うえ》へと飛《と》んでいく。そして、空中《くうちゅう》で止《と》まると、体《からだ》をくるりとひるがえし、今度《こんど》は玉藻前《たまものまえ》に向《む》かって一気《いっき》におりてくる。

「一撃必殺肉球《いちげきひっさつにくきゅう》!!　ニャアーーーッ！」

まっすぐに落《お》ちてきた猫又《ねこまた》の肉球《にくきゅう》パンチが、玉藻前《たまものまえ》の頭《あたま》にクリーンヒット！　小《ちい》さいけど強烈《きょうれつ》なパンチがめりこんで、ついにノックアウト！

玉藻前《たまものまえ》は気《き》を失《うしな》って、大《おお》きな水《みず》しぶきをあげて池《いけ》に落《お》ち、しずんでいく。

「わぁ～」

「やったー！」

タエとシンが歓声《かんせい》をあげる。作戦《さくせん》がうまくいったイツキも満足《まんぞく》げに「よしっ‼」と、うなずく。

玉藻前《たまものまえ》は、もとの大《おお》きさに戻《もど》ると、ヘロヘロになって岸《きし》に上《あ》がってきた。

「ううう……イヤだ……映《うつ》りたくない。私《わたし》の姿《すがた》を映《うつ》さないでくれぇ〜」

どうやらまだ池《いけ》の水《みず》を怖《こわ》がっているようで、小刻《こきざ》みにふるえながらうめいている。タエは、玉藻前《たまものまえ》にお札《ふだ》を貼《は》りつけた。これでひと安心《あんしん》だ。シンがイツキに尋《たず》ねる。

「イツキ、なんでタマモの弱点《じゃくてん》がわかったの？」

「コイツが鏡《かがみ》を嫌《いや》がって、こわしているのを見《み》て気《き》づいたんだ」

イツキは玉藻前《たまものまえ》の前《まえ》に歩《あゆ》み出《で》ると、きびしい口調《くちょう》で言《い》う。

「さあ！　お前《まえ》がうばった人間《にんげん》の魂《たましい》を返《かえ》してもらおうか！」

「ハァハァ……。こ、これはすべて閻魔大王様《えんまだいおうさま》のご指示《しじ》なのだ。私《わたし》にはどうにもならん」

玉藻前《たまものまえ》は、ふるえながら弱々《よわよわ》しい声《こえ》で答《こた》えた。

「ウソつけ‼」

イッキは怒《おこ》ってこぶしを地面《じめん》にたたきつけて、伏《ふ》せている玉藻前《たまものまえ》の顔《かお》を正面《しょうめん》からにらみつけた。

「でまかせを言《い》うなっ！」

「本当《ほんとう》だ。ウソじゃない。そして、その魂《たましい》はすでに大王様《だいおうさま》のもとに送《おく》ってある……」

「じゃあ、その閻魔大王《えんまだいおう》ってヤツはどこにいるんだよ？」

イッキが玉藻前《たまものまえ》につめ寄《よ》る。

「……妖魔界《ようまかい》だ」

「妖魔界《ようまかい》……!?」

イッキは玉藻前《たまものまえ》の言葉《ことば》をくり返《かえ》してつぶやくと、スクッと立《た》ち上《あ》がり、両側《りょうがわ》にいるシンとタエを見《み》やった。ふたりは、イッキの強《つよ》い思《おも》いに応《こた》えるように、決意《けつい》した表情《ひょうじょう》でしっかりとうなずく。ふたりの気持《きも》ちを受《う》け取《と》ったイッキは、大《おお》きな声《こえ》で宣言《せんげん》する。

「なら、そこに行《い》って、魂《たましい》を取《と》り返《かえ》すまでだっ！」

イッキは、ぐっと力強《ちからづよ》くこぶしをにぎった。

第《だい》3章《しょう》　いざ、妖《よう》魔《ま》界《かい》へ

12　閻《えん》魔《ま》大王《だいおう》をさがせ！

ファァァ――――ンッ！

満月《まんげつ》の夜《よる》のむこう谷駅《だにえき》に、大《おお》きな警笛《けいてき》を鳴《な》らして『妖魔列車《ようまれっしゃ》』が入《はい》ってきた。

タエの祖母《そぼ》キネに書《か》いてもらった妖怪切符《ようかいきっぷ》を手《て》に、イツキとシンとタエは、世《よ》にもあやしい列車《れっしゃ》に乗《の》って、妖魔界《ようまかい》へと旅立《たびだ》つことになった。

たくさんの妖怪《ようかい》たちが乗《の》り合《あ》わせている列車《れっしゃ》は、山《やま》あいの踏切《ふみきり》を過《す》ぎ、トンネルへと入《はい》っていく。そして、長《なが》いトンネルを抜《ぬ》けると、光《ひかり》の中《なか》へ……。

トンネルは、妖魔界《ようまかい》の滝《たき》のまん中《なか》につながっていて、そこから列車《れっしゃ》は空中《くうちゅう》にある線路《せんろ》を走《はし》りはじめた。３人《にん》は、窓《まど》から顔《かお》を出《だ》し、妖魔界《ようまかい》の景色《けしき》を見渡《みわた》す。

「わぁ〜〜〜」

そこは、人間界《にんげんかい》とはまるで別世界《べっせかい》。幻想的《げんそうてき》な美《うつく》しさに、３人《にん》はため息《いき》をもらす。花吹雪《はなふぶき》が舞《ま》い、あたり一面《いちめん》にいい香《かお》りの花《はな》がそよいでいる。お花畑《はなばたけ》を抜《ぬ》けると、きれいな川《かわ》で魚《さかな》が跳《は》ねている。地上《ちじょう》には、いくつもの小《ちい》さな湖《みずうみ》があって、ぽっかりとうかぶ雲《くも》や、イッキたちを乗《の》せた列車《れっしゃ》が、その水面《みなも》に映《うつ》りこむ。

３人《にん》は、見《み》たことのない風景《ふうけい》にワクワクして、自然《しぜん》と笑顔《えがお》になる。そして、桜《さくら》が満開《まんかい》の山《やま》の上《うえ》を走《はし》り抜《ぬ》けると、はなやかな町《まち》が見《み》えてきた。妖魔列車《ようまれっしゃ》は、町《まち》の入口《いりぐち》にある駅《えき》に到《とう》着《ちゃく》した。

「きもだ飯駅《めしえき》〜　きもだ飯駅《めしえき》〜」

色《いろ》あざやかな門《もん》をくぐり、イッキとシンとタエは大通《おおどお》りに出《で》た。大《おお》きなタコの看板《かんばん》や、ちょうちんがでろーんと舌《した》を出《だ》している広告《こうこく》など、派手《はで》なネオンサインがあちこちにある町《まち》なみは、不気味《ぶきみ》だけど、とてもきらびやかだ。

道《みち》を歩《ある》いているのは、もちろん、すべて妖怪《ようかい》。人間《にんげん》なんて3人《にん》をのぞいてどこにもいない。霊《れい》きゅう車《しゃ》みたいな屋根《やね》のついたタクシーが走《はし》っている。見《み》るものすべてが、異様《いよう》で不思議《ふしぎ》で、ドキドキが止《と》まらない。

「これが妖魔界《ようまかい》か……」

きんちょうして歩《ある》いていたイツキが、息《いき》をつく。シンとタエも、あたりをキョロキョロと見《み》ている。猫又《ねこまた》は、周囲《しゅうい》のにおいをクンクンとかいで言《い》う。

「なんか、故郷《こきょう》のにおいがするニャン」

シンが、猫又《ねこまた》に顔《かお》を寄《よ》せて尋《たず》ねる。

「猫又《ねこまた》は閻魔大王《えんまだいおう》の居場所《いばしょ》を知《し》らないの？」

「知《し》らないニャン」

「スーさんは？」

「知《し》らないでござる」

スーさんはお花《はな》が好《す》きなのか、来《く》るときに拾《ひろ》った桜《さくら》の花《はな》びらをたくさん抱《かか》えている。

やがて、シンたちは、御殿通《ごてんどお》りとよばれるにぎやかな通《とお》りに出《で》た。「通《とおり》」と書《か》かれた大《おお》きなちょうちんのある門《もん》からつづく道《みち》で、イツキは、通《とお》りすがりのひとつ目《め》の妖怪《ようかい》『一《ひと》つ目小僧《めこぞう》』に声《こえ》をかけた。

「なあ、閻魔大王《えんまだいおう》の居場所《いばしょ》を知《し》らないか？」

一《ひと》つ目小僧《めこぞう》は、上《うえ》を向《む》いて大《おお》きく息《いき》を吸《す》いこむと、

「あっかんべ――!!」

と、長《なが》い舌《した》を出《だ》した。

「……」

それから、シンたちは、桜《さくら》が美《うつく》しい川辺《かわべ》から、渡《わた》し船《ぶね》で向《む》こう岸《ぎし》へと渡《わた》ってみることにした。タエが、船《ふね》の上《うえ》で働《はたら》く『のらりくらり』という妖怪《ようかい》に声《こえ》をかける。

「あのぉ」

「あん？　君《きみ》たち大王様《だいおうさま》になんの用《よう》だい？」

「ちょっと聞《き》きたいことがあって」

今度《こんど》はイツキが話《はな》す。

「ん～。教《おし》えよっかなー、どうしよっかなー」

のらりは、クネクネした体《からだ》を右《みぎ》へ左《ひだり》へのらーりくらりと揺《ゆ》らしながら考《かんが》えているだけで、答《こた》えてくれそうにない。

「……」

向《む》こう岸《ぎし》に着《つ》くと、シンたちは大《おお》きなやかんが目印《めじるし》の茶店《ちゃみせ》までやってきた。にょろ〜りと長《なが》い首《くび》が特徴《とくちょう》の『ろくろ首《くび》』がやっているその店《みせ》で、お茶《ちゃ》を飲《の》んでいた新聞記者《しんぶんきしゃ》ふうの妖怪《ようかい》『アイタタタイムズ』に聞《き》いてみる。

「閻魔大王様《えんまだいおうさま》なら宮殿《きゅうでん》にいると思《おも》うけど、今《いま》は行《い》かないほうがいいぞ」

「なんで？」

「明日《あした》『エンマ武闘会《ぶとうかい》』が開催《かいさい》されるってんで、ピリピリしてるのさ。きっと宮殿内《きゅうでんない》も準《じゅん》備《び》やらなんやらで、てんやわんやのはずだぜ」

「なんだ？　そのエンマ武闘会《ぶとうかい》って⁇」

イツキの質問《しつもん》に、アイタタタイムズは、お茶《ちゃ》をすすってからニヤリとした。

「新《あたら》しい閻魔大王様《えんまだいおうさま》を決《き》める武闘大会《ぶとうたいかい》だ」

「ええ――――っ‼」

新《あたら》しい閻魔大王様《えんまだいおうさま》!? いったい、妖魔界《ようまかい》でなにが起《お》こっているのだろう?

とにもかくにも、シンたちは宮殿《きゅうでん》に向《む》かった!

13 閻魔大王《えんまだいおう》に会《あ》う!

エンマ宮殿《きゅうでん》は、釣鐘《つりがね》のような形《かたち》をした立派《りっぱ》な宮殿《きゅうでん》で、大《おお》きな赤《あか》い門《もん》の前《まえ》には、門番《もんばん》がふたり立《た》っていた。イツキたちは、河童《かっぱ》のサラリーマン的《てき》な交渉力《こうしょうりょく》で門番《もんばん》を言《い》いくるめて、なんとか中《なか》に入《はい》ることに成功《せいこう》した。だだっ広《ぴろ》い宮殿《きゅうでん》の黄金《おうごん》の通路《つうろ》を、閻魔大王《えんまだいおう》をさがして歩《ある》く。だけど、どこをどう進《すす》んだら閻魔大王《えんまだいおう》に会《あ》えるのか見当《けんとう》もつかない。

「こっちでいいのかなぁ?」

「もしかしたらあっちかも……」

シンもタエも、あてずっぽうで言《い》う。そのとき、ドーンと大《おお》きな音《おと》が通路《つうろ》にひびいた。

「!?」

見回《みまわ》り役《やく》の『黒鬼《くろおに》SP《エスピー》』が、重《おも》たい金棒《かなぼう》を床《ゆか》について、イツキたちの前《まえ》に立《た》ちはだかったのだ。

「お前《まえ》たちはなに者《もの》だ？」

黒鬼《くろおに》SP《エスピー》はギロリとにらみつける。

「わわわ……」

3人《にん》は、その迫力《はくりょく》に後《あと》ずさる。イツキがくるりと向《む》きを変《か》える。

「逃《に》げろ！」

しかし、走《はし》り出《だ》した瞬間《しゅんかん》、黒鬼《くろおに》SP《エスピー》が近《ちか》くの手下《てした》たちに命令《めいれい》する。

「この者《もの》たちをとらえよ！」

3人《にん》は手下《てした》の妖怪《ようかい》たちに囲《かこ》まれて、あっという間《ま》にぐるぐる巻《ま》きにされてしまった……。


それから3人《にん》は、天井《てんじょう》から大《おお》きな天《てん》びんばかりが吊《つ》るされている広間《ひろま》へと連《つ》れてこられた。天《てん》びんばかりの左右《さゆう》に、赤《あか》と青《あお》の炎《ほのお》がボッと音《おと》を立《た》ててともる。紫色《むらさきいろ》のじゅうたんが奥《おく》にそびえる玉座《ぎょくざ》へとつづいていて、そこに座《すわ》る大《おお》きな人影《ひとかげ》が見《み》える。イツキたちはぐるぐる巻《ま》きのまま、玉座《ぎょくざ》の前《まえ》に突《つ》き出《だ》された。スーさんと猫又《ねこまた》も、つかまってしまっている。

「オレっち完全《かんぜん》に関係《かんけい》ないニャン！」

猫又《ねこまた》は暴《あば》れていたが、ムダなようだった。

「下《さ》がってよい！」

玉座《ぎょくざ》の横《よこ》に立《た》っていたスラリと背《せ》の高《たか》い妖怪《ようかい》が黒鬼《くろおに》ＳＰ《エスピー》に言《い》う。閻魔大王《えんまだいおう》の側近《そっきん》『ぬらりひょん』だ。黒鬼《くろおに》ＳＰ《エスピー》たちは、一礼《いちれい》して部屋《へや》をあとにした。ぬらりひょんがイツキたちに尋《たず》ねる。

「人間《にんげん》のようだな。正直《しょうじき》に答《こた》えよ。お前《まえ》たちはなぜここに来《き》た？」

「俺《おれ》たちは、閻魔大王《えんまだいおう》にうばわれた魂《たましい》を取《と》り戻《もど》しに来《き》たんだ！」

「⁉」

イツキの訴《うった》えに、ぬらりひょんは眉《まゆ》をひそめた。すると、玉座《ぎょくざ》から低《ひく》い声《こえ》がひびいてきた。

「なんじゃと……⁉」

玉座《ぎょくざ》にどっしりと腰《こし》をおろしている人物《じんぶつ》――『閻魔大王《えんまだいおう》』の目《め》がするどく光《ひか》った。

「私《わたし》は、人《ひと》の魂《たましい》など、うばってはおらぬが？」

「お前《まえ》が閻魔大王《えんまだいおう》か。玉藻前《たまものまえ》は確《たし》かに閻魔大王《えんまだいおう》に送《おく》ったと言《い》ったんだ！」

イツキは、閻魔大王《えんまだいおう》の迫力《はくりょく》にもひるまずに答《こた》えた。

「なに!?」

玉藻前《たまものまえ》の名前《なまえ》を聞《き》いて、ぬらりひょんが閻魔大王《えんまだいおう》を見《み》た。

「玉藻前《たまものまえ》は、紫炎様《しえんさま》に従《したが》っていた妖怪《ようかい》にございます。この者《もの》たちが申《もう》す一件《いっけん》、おそらく、紫炎様《しえんさま》のしわざでしょう……」

「そのようだな……」

閻魔大王《えんまだいおう》は改《あらた》めてイツキたちを見《み》た。

「紫炎《しえん》？　誰《だれ》だよ、それ！」

妖怪《ようかい》に詳《くわ》しいイツキも聞《き》いたことのない名前《なまえ》だ。

「紫炎様《しえんさま》は閻魔大王様《えんまだいおうさま》のご子息《しそく》であられる。次世代《じせだい》の閻魔大王《えんまだいおう》になられるお方《かた》だ」

ぬらりひょんにつづいて、閻魔大王《えんまだいおう》も重《おも》たい口《くち》を開《ひら》く。

「……あいつは野心《やしん》が強《つよ》すぎてな。今《いま》でも十分《じゅうぶん》な力《ちから》をもっておるというのに、さらに力《ちから》を集《あつ》め、みなを支配《しはい》しようとしておるのだ」

「あんたの息子《むすこ》がしでかしたことなら、なんとかしろよ！」

イッキは腹《はら》を立《た》てて声《こえ》を荒《あら》らげた。イッキの強《つよ》い気持《きも》ちに応《こた》えるように、閻魔大王《えんまだいおう》がイッキを見《み》る。

「確《たし》かに、お前《まえ》たちには迷惑《めいわく》をかけてしまったようだな。すまなかった」

そう言《い》って軽《かる》く手《て》を上《あ》げると、イッキたちをしばっていたロープが、消《き》えてなくなった。

「!!」

イッキは、すぐに立《た》ち上《あ》がった。

「姉《ねえ》ちゃんの魂《たましい》を返《かえ》せ！　シンの母《かあ》ちゃんの魂《たましい》もだ！」

激《はげ》しい怒《いか》りをぶつけるように玉座《ぎょくざ》まで一気《いっき》にかけ上《あ》がり、閻魔大王《えんまだいおう》にしがみつこうとするイッキを、ぬらりひょんが止《と》める。閻魔大王《えんまだいおう》は、じっとイッキの瞳《ひとみ》を見《み》すえ、大《おお》きく息《いき》をはいた。人間《にんげん》の少年《しょうねん》の必死《ひっし》な思《おも》いが、妖魔界《ようまかい》の王《おう》の心《こころ》に刺《さ》さる。

「魂《たましい》を取《と》り戻《もど》すには、紫炎《しえん》を止《と》めなければならない。それには、奴自身《やつじしん》に力《ちから》の真意《しんい》を気《き》づかせる必要《ひつよう》がある」

「だからこそ大王様《だいおうさま》は、エンマ武闘会《ぶとうかい》をお開《ひら》きになるのだ」

ぬらりひょんが大王《だいおう》のあとを受《う》ける。

「今《いま》のあいつに、閻魔大王《えんまだいおう》の座《ざ》を渡《わた》すわけにはいかぬ……」

閻魔大王《えんまだいおう》は深刻《しんこく》なまなざしで言《い》った。イツキが、閻魔大王《えんまだいおう》に迫《せま》る。

「だったら、俺《おれ》たちもエンマ武闘会《ぶとうかい》に出場《しゅつじょう》させろ！」

「なんだと!? 人間《にんげん》がエンマ武闘会《ぶとうかい》に出《で》るなど、許《ゆる》されるわけがなかろう！」

あり得《え》ないことを言《い》い出《だ》すイツキを、ぬらりひょんがいさめる。すると、シンとタエが
イツキのそばにかけ寄《よ》ってきた。ふたりは、力《ちから》のこもった声《こえ》でぬらりひょんに訴《うった》える。

「魂《たましい》を取《と》り返《かえ》して、母《かあ》ちゃんを生《い》き返《かえ》らせるんだ！」

「私《わたし》、少《すこ》しなら妖術《ようじゅつ》が使《つか》えます。やれます！」

身《み》の程《ほど》しらずの人間《にんげん》の子供《こども》たちの提案《ていあん》に、ぬらりひょんは声《こえ》を荒《あら》らげる。

「おろか者《もの》！ 命《いのち》を落《お》とすだけだ！」

だが、黙《だま》ってなりゆきを見《み》ていた閻魔大王《えんまだいおう》は、意外《いがい》な返事《へんじ》をした。

「よかろう！」

「大王様《だいおうさま》!?」

ぬらりひょんが、閻魔大王《えんまだいおう》のほうをふり返《かえ》る。

「ぬらりよ。この者《もの》の腕《うで》を見《み》よ」

閻魔大王《えんまだいおう》はシンの腕《うで》を示《しめ》した。

「……!?」

ぬらりひょんは、シンの腕《うで》にはまった妖怪《ようかい》ウォッチを見《み》て、目《め》を見張《みは》った。

「これは!?　……この者《もの》たちは、『魔導鏡《まどうきょう》』の使《つか》い手《て》か……」

どうやら妖魔界《ようまかい》では、妖怪《ようかい》ウォッチのことを魔導鏡《まどうきょう》と呼《よ》んでいるようだ。

「人《ひと》と妖怪《ようかい》の力《ちから》を合《あ》わせるものならば、上手《うま》くいくやもしれん」

大王《だいおう》の言葉《ことば》に、ぬらりひょんは「御意《ぎょい》！」とうなずくと、シンたちを見《み》た。

「では行《い》くがよい。お前《まえ》たちが出場《しゅつじょう》できるよう取《と》り計《はか》らっておこう」

「感謝《かんしゃ》するぜ」

イツキがぬらりひょんにそう言《い》うと、シンとタエも笑顔《えがお》になった。

部屋《へや》を出《で》ていくイツキたちを玉座《ぎょくざ》から見《み》ていた閻魔大王《えんまだいおう》が、ぬらりひょんに尋《たず》ねる。

「気《き》づいたか？　ぬらりよ」

「はい。彼《かれ》らのうしろについている者《もの》たちのことですね……」

閻魔大王《えんまだいおう》とぬらりひょんは、イッキたちの背中《せなか》を見《み》つめていた。


そのころ、閻魔大王《えんまだいおう》の息子《むすこ》、紫炎《しえん》は、妖魔界《ようまかい》のどこかの洞窟《どうくつ》にひそんで力《ちから》をためていた。

深緑《ふかみどり》の髪《かみ》に紫色《むらさきいろ》のさか立《だ》った眉《まゆ》、浅黒《あさぐろ》い色《いろ》の肌《はだ》に紫色《むらさきいろ》の衣《ころも》をまとった紫炎《しえん》は、閻魔大王《えんまだいおう》ほど大《おお》きくはないが、筋肉質《きんにくしつ》で強《つよ》そうな感《かん》じだ。強烈《きょうれつ》なオーラを放《はな》ちながら、洞窟《どうくつ》の奥《おく》で座《ざ》禅《ぜん》を組《く》んでいる。

「まだだ……まだ足《た》りぬ……」

紫炎《しえん》の言葉《ことば》に、参謀《さんぼう》の『酒呑童子《しゅてんどうじ》』は、「やれやれ」というふうに肩《かた》をすくめた。

「今《いま》の半分《はんぶん》の力《ちから》でも、ほかの妖怪《ようかい》は歯《は》が立《た》たないっていうのに。そもそも紫炎様《しえんさま》が次《つぎ》なる大王《だいおう》になられることはしごく当然《とうぜん》の流《なが》れでしょ？」

しかし、紫炎《しえん》は立《た》ち上《あ》がると、憎《にく》しみのこもった怖《こわ》い目《め》で一点《いってん》を見《み》つめた。

「閻魔大王《えんまだいおう》……今《いま》でこそ老《お》いてはいるが、かつては妖魔界全土《ようまかいぜんど》を震撼《しんかん》させるほどだった。私《わたし》はヤツを倒《たお》すために、万全《ばんぜん》を期《き》すっ！」

14　エンマ武闘会《ぶとうかい》、開幕《かいまく》！

「武《ぶ》」と書《か》かれたちょうちんがいくつも夕闇《ゆうやみ》の空《そら》に浮《う》かび、エンマ武闘会《ぶとうかい》の会場《かいじょう》を照《て》らしている。

いよいよはじまるエンマ武闘会《ぶとうかい》を前《まえ》に、観客席《かんきゃくせき》は妖怪《ようかい》たちで超満員《ちょうまんいん》、ものすごい熱気《ねっき》だ。

会場《かいじょう》のまん中《なか》には大《おお》きな闘技場《とうぎじょう》があり、その左右《さゆう》、東西《とうざい》にわかれて、閻魔大王軍《えんまだいおうぐん》と紫炎軍《しえんぐん》の席《せき》が用意《ようい》された。東《ひがし》の陣《じん》の閻魔大王《えんまだいおう》のそばには、大王《だいおう》を中心《ちゅうしん》にぬらりひょんやシンたち、そして出場《しゅつじょう》する妖怪《ようかい》たちがずらっとならんでいる。一方《いっぽう》、西《にし》の陣《じん》にも、紫炎《しえん》サイドの妖怪《ようかい》たちが紫炎《しえん》を中心《ちゅうしん》にならんでいる。

イツキ、タエ、シンは正面《しょうめん》にかまえる紫炎《しえん》を見《み》る。

「あいつが紫炎《しえん》か……」

「なんか強《つよ》そうだね」

「うん」

シンたちの横《よこ》に立《た》っていたぬらりひょんが、シンに言《い》う。

「今《いま》の紫炎様《しえんさま》は、人《ひと》の魂《たましい》を食《く》らい、極限《きょくげん》の妖力《ようりょく》を手《て》に入《い》れている」

シンは、自分《じぶん》を力《ちから》づけるようにパンパンと両手《りょうて》でほおをたたいて、気合《きあ》いを入《い》れる。

「絶対母《ぜったいかあ》ちゃんの魂《たましい》を取《と》り戻《もど》す！」

イツキとタエも表情《ひょうじょう》を引《ひ》きしめる。

「どんな相手《あいて》だろうと、勝《か》つ!!」

「私《わたし》たちは逃《に》げない！」

閻魔大王《えんまだいおう》は、勇気《ゆうき》のある人間《にんげん》の子供《こども》たちのことを見《み》やってから、紫炎《しえん》のほうに向《む》き直《なお》った。

「……この人間《にんげん》たちの勇気《ゆうき》で、あやつを変《か》えられればいいのだが……」

武闘会《ぶとうかい》は勝《か》ち抜《ぬ》き方式《ほうしき》で、最後《さいご》まで闘技場《とうぎじょう》に立《た》ちつづけた者《もの》が優勝《ゆうしょう》となる。バトルの勝者《しょうしゃ》は、相手《あいて》の妖力《ようりょく》をうばい、パワーアップすることができるというルールだ。

西《にし》の陣《じん》では、紫炎《しえん》が東《ひがし》の陣《じん》の人間《にんげん》たちの存在《そんざい》に眉《まゆ》をひそめた。

「大王《だいおう》…人間《にんげん》をかたわらに置《お》いているようだが、なにを企《たくら》んでいる……？」

「ひ弱《よわ》そうなガキどもじゃないすか。気《き》にする必要《ひつよう》ないですよ」

となりにいた酒呑童子《しゅてんどうじ》が軽口《かるくち》をたたく。カラス天狗《てんぐ》は、持《も》っていた大《おお》きな槍《やり》を東《ひがし》の陣《じん》に向《む》けて突《つ》き出《だ》した。

「どちらにしても、われわれがこの大会《たいかい》を支配《しはい》し、紫炎様《しえんさま》を新《あら》たな大王《だいおう》にするだけのこと！」

「だが油断《ゆだん》するな。閻魔大王《えんまだいおう》の『王《おう》』としての資質《ししつ》は本物《ほんもの》だ。ヤツがそばに置《お》いているということは、なにか意味《いみ》をもっているということだ」

紫炎《しえん》の言葉《ことば》に、酒呑童子《しゅてんどうじ》は見定《みさだ》めるようにシンたちのことを見《み》た。

「ふーん……じゃあ、そういうことだから、カラスくん！　ちゃっちゃとやっちゃってね」

「ははっ！」

カラス天狗《てんぐ》は頭《あたま》を下《さ》げて、従《したが》った。

「両軍《りょうぐん》、整《ととの》いました」

審判《しんぱん》の声《こえ》が会場《かいじょう》にひびいた。闘技場《とうぎじょう》の両《りょう》サイドに東西《とうざい》の妖怪《ようかい》たちが出《で》そろい、にらみ合《あ》う。シンたちは、東軍《とうぐん》の妖怪《ようかい》たちのうしろに3人《にん》でかたまっている。

「では、これよりはじめっ!!」

ドドーン！　と大《おお》きなドラの音《おと》を合図《あいず》に、いよいよエンマ武闘会《ぶとうかい》がはじまった！

試合《しあい》がはじまると、いきなりカラス天狗《てんぐ》がさっと後方《こうほう》へ飛《と》んで、大《おお》きな槍《やり》で味方《みかた》の妖怪《ようかい》の背中《せなか》を斬《き》りつけた！

「!?」

闘技場《とうぎじょう》の一同《いちどう》があ然《ぜん》とする中《なか》、カラス天狗《てんぐ》は次々《つぎつぎ》と味方《みかた》の妖怪《ようかい》を倒《たお》すと、その妖気《ようき》をうばい、どんどん自分《じぶん》の力《ちから》に変《か》えていく。そして、あっという間《ま》に西《にし》の陣《じん》の妖怪《ようかい》たちの妖気《ようき》をすべてうばい取《と》ると、シンたちを見《み》て、不敵《ふてき》な笑《え》みを浮《う》かべた。

「さあ、死《し》にたいのはどいつだ？」

イツキは、カラス天狗《てんぐ》のパワーに目《め》を見張《みは》る。

「なんてヤツだ……」

「パワーアップするために味方《みかた》を斬《き》るなんて……」

タエは、目《め》の前《まえ》で起《お》きた出来事《できごと》にショックを受《う》けているようだった。

「ククククッ……なん人《にん》でもいい、束《たば》になってかかってこい！」

バカにされた東軍《とうぐん》の妖怪《ようかい》たちは、カラス天狗《てんぐ》をキッとにらむと、いっせいに走《はし》りだした！　そして、すさまじい勢《いきお》いでカラス天狗《てんぐ》におそいかかったが、『ゲンマ将軍《しょうぐん》』も『デビビラン』も『メラメライオン』も『百々目鬼《とどめき》』も、みんなカラス天狗《てんぐ》に斬《き》られ、その妖《よう》気《き》を吸《す》い取《と》られていく！　カラス天狗《てんぐ》は、空中《くうちゅう》でチラッとイツキたちを見《み》やって言《い》った。

「閻魔大王《えんまだいおう》にくみする人間《にんげん》ども、かかってこぬのか？」

「うっ……」

さすがのイツキも、すさまじい妖気《ようき》を得《え》たカラス天狗《てんぐ》に圧倒《あっとう》され、体《からだ》が動《うご》かない。

「わしは、とくに人間《にんげん》が好《す》かん。武闘会《ぶとうかい》とはいえ、あやまって殺《ころ》してしまうのであ——る。フハハハッ」

「クソッ！　こうなったらタマモを呼《よ》び出《だ》すんだ！」

イツキがシンに言《い》う。

「でも、いきなり呼《よ》んで戦《たたか》ってくれるかな……」

「とにかく呼《よ》んでみようよ！」

不安《ふあん》そうにポケットからアークを出《だ》すシンを、タエがはげます。

「では、参《まい》る！」

カラス天狗《てんぐ》はそう言《い》うと、飛《と》びあがり、槍《やり》をぐるぐると回《まわ》しはじめた。

「タツマキであ――るっ!!」

すると、カラス天狗《てんぐ》の周囲《しゅうい》の空気《くうき》がかき混《ま》ぜられて、竜巻《たつまき》がひとつ、またひとつと現《あらわ》れてくる。そして、みるみるうちに全部《ぜんぶ》で6つの竜巻《たつまき》が現《あらわ》れ、シンたちを取《と》り囲《かこ》んでしまった。

「ヌハハハハッ！　その竜巻《たつまき》にふれれば、体《からだ》はバラバラになるのであ――るっ！」

カラス天狗《てんぐ》は上空《じょうくう》から勝《か》ちほこったように笑《わら》った。シンは急《いそ》いで、妖怪《ようかい》ウォッチでタマモを召喚《しょうかん》する。

「召喚《しょうかん》！　オレのともだち、出《で》てこい、タマモ！」

すると、妖怪《ようかい》ウォッチが発光《はっこう》し、シンの影《かげ》が伸《の》びて、タマモの大《おお》きな体《からだ》が闘技場《とうぎじょう》に出現《しゅつげん》する！

「ぐるるるっ！　フフフッ、私《わたし》の力《ちから》を借《か》りたくなったのかい？　それはそうだろうねぇ……なにしろ私《わたし》の力《ちから》は……」

タマモが自慢《じまん》げに着物《きもの》をひるがえしていると、カラス天狗《てんぐ》は槍《やり》をひょいと動《うご》かして、タマモのうしろに小《ちい》さな竜巻《たつまき》を発生《はっせい》させた。タマモは、話《はなし》の途中《とちゅう》であっけなく竜巻《たつまき》に吸《す》いこまれ、竜巻《たつまき》の中《なか》でぐるぐる回《まわ》っているうちに、光《ひかり》の粒《つぶ》になって消《き》えてしまった……。

「……!?」

イツキたちは、ぼう然《ぜん》とした。あんなに強《つよ》かったタマモが、一瞬《いっしゅん》で消《け》し去《さ》られてしまうなんて……。シンがつぶやく。

「ど、どうしよ？」

そのとき、タエが大《おお》きな声《こえ》をあげた。

「はあ〜っ！」

右手《みぎて》ですばやく宙《ちゅう》に星《ほし》を描《えが》くと、妖術《ようじゅつ》で風《かぜ》が巻《ま》き起《お》こる！　しかし、その風《かぜ》も、竜巻《たつまき》のひとつに飲《の》みこまれて、すぐに消《け》されてしまった。

「くっ！」

イツキがくやしそうに唇《くちびる》をかむ。

「じゃあ、これだ！」

今度《こんど》はシンが、妖怪《ようかい》ウォッチをかまえる。

「召喚《しょうかん》！　オレのともだち、出《で》てこい、猫又《ねこまた》！」

シンは、猫又《ねこまた》を呼《よ》び出《だ》した。光《ひかり》の中《なか》から猫又《ねこまた》が現《あらわ》れ、キメポーズをする。

「猫又《ねこまた》、またまたまたまた登場《とうじょう》ニャン！」

「さあ猫又《ねこまた》、竜巻《たつまき》を消《け》し去《さ》って！」

シンのいきなりのムチャブリに猫又《ねこまた》はきょとんとして、うしろにある竜巻《たつまき》を見上《みあ》げた。

そして、またシンのほうを見《み》てから、急《きゅう》にあたふたしはじめた。

「ええ――っ!?　なんで、そんなことをオレっちに頼《たの》むニャン！　どう考《かんが》えても無理《むり》ニャン！　呼《よ》び出《だ》す前《まえ》にわかれニャン!!」

猫又《ねこまた》の言《い》う通《とお》り、確《たし》かにムリそうだ。猫又《ねこまた》がじたばたしている間《あいだ》に、6つの竜巻《たつまき》は移動《いどう》をはじめ、どんどん合体《がったい》していって、ついにひとつの大《おお》きな竜巻《たつまき》になった。

すさまじい風《かぜ》に、猫又《ねこまた》はふんばりきれずに飛《と》んでいく。

「ニャニャニャニャー!!」

そのまま竜巻《たつまき》に巻《ま》きこまれてぐるぐるぐるぐる……。そして、ふっと見《み》えなくなってしまった。

「フフフッ、終《お》わりである!!」

カラス天狗《てんぐ》が槍《やり》を向《む》けると、竜巻《たつまき》がシンたちに向《む》かって進《すす》みはじめた。ゴーッとすさまじい音《おと》を立《た》てながら、じわじわと迫《せま》ってくる。

「……」

シンたちは、なすすべなく闘技場《とうぎじょう》のはじまで追《お》いこまれてしまった。そのときだった……竜巻《たつまき》の中《なか》に耳《みみ》の長《なが》い大《おお》きな猫《ねこ》の影《かげ》が見《み》えた！

「ニャワワワワ――――ッ！」

「!?」

カラス天狗《てんぐ》がおどろいて竜巻《たつまき》を見《み》る。シンたちも、あ然《ぜん》として竜巻《たつまき》を見上《みあ》げる。竜巻《たつまき》はゆらゆらと揺《ゆ》れながら、大《おお》きな猫《ねこ》に吸《す》いこまれていく。な、なんと、猫又《ねこまた》が竜巻《たつまき》のパワーを取《と》りこんで、青《あお》い妖気《ようき》をまとった猫妖怪《ねこようかい》『怪猫《かいびょう》カマイタチ』へと変化《へんげ》したのだ！

「シャアァァァ!!」

怪猫《かいびょう》カマイタチは、するどい牙《きば》を光《ひか》らせ、空気《くうき》を切《き》り裂《さ》くような声《こえ》でカラス天狗《てんぐ》を威嚇《いかく》する。

「まさか、竜巻《たつまき》を取《と》りこんで変化《へんげ》したのか!?」

上空《じょうくう》にいたカラス天狗《てんぐ》が目《め》を見張《みは》る。怪猫《かいびょう》カマイタチは、闘技場《とうぎじょう》に着地《ちゃくち》すると、二股《ふたまた》にわかれた大《おお》きなしっぽの先《さき》についた炎《ほのお》の鎌《かま》をふり回《まわ》して、不敵《ふてき》な笑《え》みを浮《う》かべた。

「さあ今度《こんど》は、こっちから行《い》かせてもらうニャンッ!」

怪猫《かいびょう》カマイタチはすばやい動《うご》きで、カラス天狗《てんぐ》に攻撃《こうげき》を仕《し》かける。

「望《のぞ》むところであ――る!」

カラス天狗《てんぐ》は、大《おお》きな槍《やり》で怪猫《かいびょう》カマイタチの鎌《かま》を受《う》ける。2体《たい》の妖怪《ようかい》は激《はげ》しいつばぜり合《あ》いをくり広《ひろ》げるが、怪猫《かいびょう》カマイタチのパンチと鎌《かま》を使《つか》った猛攻《もうこう》に、カラス天狗《てんぐ》はどんどん押《お》されていく。

「こいつ、なんなのだーっ!」

そして、怪猫《かいびょう》カマイタチの一撃《いちげき》がカラス天狗《てんぐ》にヒット! カラス天狗《てんぐ》は大《おお》きく飛《と》ばされたが、かろうじて着地《ちゃくち》すると、すぐに体勢《たいせい》を整《ととの》えて得意技《とくいわざ》をくり出《だ》す。

「夜桜乱舞《よざくららんぶ》！」

カラス天狗《てんぐ》は、みずから猛《もう》スピードで回転《かいてん》して槍《やり》を突《つ》き出《だ》しながら、怪猫《かいびょう》カマイタチに迫《せま》ってくる。すると、怪猫《かいびょう》カマイタチも同《おな》じように片足《かたあし》を軸《じく》にぐるぐる回転《かいてん》しはじめた。

「極《ごく》・カマイタチハリケーン肉球《にくきゅう》！」

怪猫《かいびょう》カマイタチも、竜巻《たつまき》のように回転《かいてん》するカラス天狗《てんぐ》に突《つ》っこんでいく。闘技場《とうぎじょう》の中央《ちゅうおう》で、両者《りょうしゃ》は、コマのように火花《ひばな》を散《ち》らしてぶつかり合《あ》った！　怪猫《かいびょう》カマイタチの勢《いきお》いのほうが強《つよ》く、カラス天狗《てんぐ》は一気《いっき》に場外《じょうがい》まで吹《ふ》っ飛《と》ばされてしまった。

「ぐは――――っ！」

その体《からだ》は、西《にし》の陣《じん》の一部《いちぶ》を突《つ》き破《やぶ》って倒《たお》れる。

「やったー！」

シンたちは、ガッツポーズをした。カラス天狗《てんぐ》の体《からだ》から妖気《ようき》が抜《ぬ》けていくのを見《み》て、怪《かい》猫《びょう》カマイタチはニヤリとして、喜《よろこ》びの雄《お》たけびをあげた。

「ニャオ――――ンッ！」

そして、カラス天狗《てんぐ》の妖気《ようき》を吸《す》い取《と》ろうとしたときだった。いきなりエネルギー弾《だん》が怪《かい》猫《びょう》カマイタチの足《あし》もとに一発放《いっぱつはな》たれた！

「！！！」

西《にし》の陣《じん》で見《み》ていた紫炎《しえん》のしわざだ。エネルギー弾《だん》は足《あし》もとで爆発《ばくはつ》し、怪猫《かいびょう》カマイタチはリングサイドに倒《たお》れこんだ。その体《からだ》から妖気《ようき》が抜《ぬ》け出《で》て、シューッともとの猫又《ねこまた》に戻《もど》っていく。

「あぁっ！」

シンが、西《にし》の陣《じん》に座《すわ》る紫炎《しえん》をキッとにらみつける。大切《たいせつ》な友達《ともだち》、猫又《ねこまた》を痛《いた》めつけるなんて、絶対《ぜったい》に許《ゆる》せない！　一方《いっぽう》、紫炎《しえん》は怪猫《かいびょう》カマイタチの妖気《ようき》を吸《す》い取《と》って、立《た》ち上《あ》がった。

そして、ふわりと飛《と》び上《あ》がると、闘技場《とうぎじょう》へとおりたった。

15　対決《たいけつ》！　父《ちち》VS《バーサス》息子《むすこ》

闘技場《とうぎじょう》におりたった紫炎《しえん》を見《み》て、観客《かんきゃく》たちは息《いき》をのんで静《しず》まり返《かえ》った。

紫炎《しえん》は、東《ひがし》の陣《じん》の玉座《ぎょくざ》に座《すわ》る閻魔大王《えんまだいおう》をグッとにらむと、持《も》っていた大《おお》きな剣《けん》の先《さき》を突《つ》き出《だ》した。

「閻魔大王《えんまだいおう》よ。この武闘会《ぶとうかい》は、私《わたし》を止《と》めるためにもよおされたのであろう。ならば、面倒《めんどう》な前座《ぜんざ》など不要《ふよう》。今《いま》すぐおりてきて、私《わたし》と戦《たたか》え！」

紫炎《しえん》は思《おも》いきり剣《けん》を払《はら》うと、体中《からだじゅう》の怒《いか》りをこめて、剣先《けんさき》を力強《ちからづよ》く地面《じめん》に突《つ》き立《た》てた。それを見《み》た閻魔大王《えんまだいおう》が、玉座《ぎょくざ》から立《た》ち上《あ》がる。

「紫炎《しえん》よ。力《ちから》の大《おお》きさなど意味《いみ》がない。王《おう》として『手《て》にした力《ちから》』をどう使《つか》うかが大事《だいじ》なのだ」

「ふんっ！　なにをいまさら……私《わたし》に常《つね》に力《ちから》を求《もと》めてきた貴様《きさま》が、力《ちから》の大《おお》きさに意味《いみ》がないだと！」

「……力《ちから》を求《もと》めたのではない。力《ちから》の意味《いみ》を知《し》ることを求《もと》めたのだ！」

閻魔大王《えんまだいおう》は、幼《おさな》いころから紫炎《しえん》をきびしく育《そだ》ててきた。毎日《まいにち》、剣《けん》の稽古《けいこ》をつけ、倒《たお》れても倒《たお》れても紫炎《しえん》に剣《けん》を向《む》けつづけた。幼《おさな》い紫炎《しえん》はさびしかった。普通《ふつう》の父親《ちちおや》のように、たまには笑顔《えがお》で一緒《いっしょ》に遊《あそ》んでほしかった。でも、記憶《きおく》の中《なか》で、父《ちち》はどんなときも鬼《おに》のように怖《こわ》い顔《かお》をしていた……。

　紫炎《しえん》は憎《にく》しみをこめ、剣先《けんさき》をさらに地面《じめん》に深《ふか》く突《つ》き立《た》てた。

「……もういい！　ようは、誰《だれ》が最強《さいきょう》で王《おう》にふさわしいかということだ。今《いま》ここで、示《しめ》してやる！」

　怒《いか》りを爆発《ばくはつ》させ、すさまじいオーラを放《はな》つ！

「紫炎《しえん》……」

「閻魔大王《えんまだいおう》！　ここで決着《けっちゃく》をつける！」

　父親《ちちおや》に向《む》かって剣《けん》をかまえた息子《むすこ》を前《まえ》に、閻魔大王《えんまだいおう》も覚悟《かくご》を決《き》め、ゆっくりと闘技場《とうぎじょう》へとおりたった。その右手《みぎて》には、大《おお》きな剣《けん》がにぎられている。

「紫炎《しえん》よ、目《め》を覚《さ》ませ！　王座《おうざ》をうばっても、真《しん》の王《おう》にはなれぬぞ！」

「笑止《しょうし》！　私《わたし》は貴様《きさま》を倒《たお》し、新《あら》たな時代《じだい》をきずくのだっ！」

　紫炎《しえん》は、腰《こし》を落《お》とし、かまえた剣《けん》にグッと力《ちから》をこめた。

「理解《りかい》できぬか……」

　閻魔大王《えんまだいおう》も静《しず》かに、すっと剣《けん》をかまえる。

「ならば来《く》るがいい！　息子《むすこ》よ！」

ふたりは空中《くうちゅう》へと飛《と》び上《あ》がり、闘技場《とうぎじょう》の中央《ちゅうおう》で剣《けん》を合《あ》わせた。

ガチーンッ！　ガチーンッ！　と、重《おも》たい剣《けん》がぶつかり合《あ》う音《おと》がひびき渡《わた》る。ぬらりひょんはきびしい顔《かお》で、酒呑童子《しゅてんどうじ》は酒《さけ》を飲《の》みながら、シンたちは真剣《しんけん》なまなざしで、誰《だれ》もひと言《こと》も発《はっ》することなく、上空《じょうくう》でくり広《ひろ》げられる父《ちち》と子《こ》のそう絶《ぜつ》な戦《たたか》いを見守《みまも》っていた。

父《ちち》の思《おも》いと息子《むすこ》の憎《にく》しみとのぶつかり合《あ》いは、重《おも》く激《はげ》しいものだった……。

閻魔大王《えんまだいおう》が、背後《はいご》に回《まわ》った紫炎《しえん》に、身《み》をひるがえして剣《けん》をふり下《お》ろす！　紫炎《しえん》は瞬間移《しゅんかんい》動《どう》のようなすばやい動《うご》きで父《ちち》の剣《けん》をかわすと、またうしろに回《まわ》りこむ。そして、閻魔大王《えんまだいおう》がふり向《む》いたその瞬間《しゅんかん》！　紫炎《しえん》の剣《けん》が大王《だいおう》の体《からだ》を貫《つらぬ》いた……。

「……！」

会場《かいじょう》にいた全員《ぜんいん》が、自分《じぶん》の目《め》をうたがった。

まさか……閻魔大王《えんまだいおう》が敗《やぶ》れた……？

シンたちは、ぼう然《ぜん》と上空《じょうくう》を見上《みあ》げた。閻魔大王《えんまだいおう》が、すっとみずからの剣《けん》を手放《てばな》した。

剣《けん》は闘技場《とうぎじょう》にまっすぐ落《お》ちてきて、リングに突《つ》き刺《さ》さった。

紫炎《しえん》は、不敵《ふてき》な笑《え》みで父親《ちちおや》を見《み》た。

「……私《わたし》の勝《か》ちだ。これで、私《わたし》が王《おう》だ！」

「ふふっ……」

閻魔大王《えんまだいおう》が、小《ち》さな笑《わら》い声《ごえ》をもらす。紫炎《しえん》が、いぶかしげに閻魔大王《えんまだいおう》の顔《かお》を見《み》る。

「!?」

「私《わたし》は……この瞬間《しゅんかん》のために、この武闘会《ぶとうかい》を開《ひら》いたのだ」

閻魔大王《えんまだいおう》は、とつぜん、紫炎《しえん》の背中《せなか》をぐっと両腕《りょううで》でつかんだ。

「な……!?」

「聞《き》け、紫炎《しえん》よ。力《ちから》で束《たば》ねた王座《おうざ》は、新《あら》たな力《ちから》によってくずれ去《さ》る。真《しん》の王《おう》は、みなの力《ちから》を、みずからの力《ちから》とできる者《もの》だ」

紫炎《しえん》は、はむかうような目《め》で父《ちち》をにらむ。

「だから、私《わたし》は力《ちから》を集《あつ》めたのだ。最高《さいこう》の力《ちから》を手《て》に入《い》れ、王《おう》にふさわしい者《もの》となるために」

閻魔大王《えんまだいおう》は、痛《いた》みにたえながらつづける。

「……今《いま》のお前《まえ》は、力《ちから》におぼれたただの臆病者《おくびょうもの》だ！」

「だっ、黙《だま》れ！」

紫炎《しえん》は大声《おおごえ》で叫《さけ》んだ。

「この期《ご》に及《およ》んでも、まだ私《わたし》を認《みと》めぬか！」

すると、閻魔大王《えんまだいおう》は、どなり散《ち》らす紫炎《しえん》をぐっと抱《だ》き寄《よ》せた。

「なっ!!」

目《め》を見開《みひら》いて動《うご》けないでいる紫炎《しえん》の耳元《みみもと》で、父《ちち》は最後《さいご》の力《ちから》をふりしぼってささやく。

「息子《むすこ》よ……！　真《しん》の王《おう》とはなにかをふたたび求《もと》めよ！」

紫炎《しえん》は、父《ちち》の大《おお》きな腕《うで》に抱《だ》かれて、なつかしいような切《せつ》ないような気持《きも》ちになって、胸《むね》が苦《くる》しくなった。そして、そんな自分《じぶん》をふり払《はら》うかのように、剣《けん》に貫《つらぬ》かれた閻魔大王《えんまだいおう》の体《からだ》を力《ちから》いっぱい蹴《け》り飛《と》ばした。

「はっ、放《はな》せーっ!!」

なにをいまさら……ずっときびしくしてきたくせに。なにが真《しん》の王《おう》だ、力《ちから》こそすべてだと教《おし》えたのは貴様《きさま》ではないか！　憎《にく》しみのすべてを力《ちから》に変《か》えて、紫炎《しえん》は父《ちち》の大《おお》きな体《からだ》から剣《けん》を引《ひ》き抜《ぬ》く。

「口《くち》の減《へ》らないおいぼれが――っ！」

剣《けん》を引《ひ》き抜《ぬ》かれた反動《はんどう》で、閻魔大王《えんまだいおう》の体《からだ》がゆっくりと闘技場《とうぎじょう》へ落《お》ちていく……。

静《しず》まり返《かえ》る会場《かいじょう》に、紫炎《しえん》の荒《あら》い息《いき》づかいだけが聞《き》こえる。

「ハァハァ……」

閻魔大王《えんまだいおう》はドスンと重《おも》たい音《おと》を立《た》ててリングに大《だい》の字《じ》に倒《たお》れた。紫炎《しえん》は、そんな父《ちち》の体《からだ》に向《む》けて手《て》をかざした。

「力《ちから》はもらうぞ」

……閻魔大王《えんまだいおう》の体《からだ》から妖気《ようき》が抜《ぬ》け出《だ》していき、紫炎《しえん》に吸《す》いこまれていく。力《ちから》を失《うしな》った閻《えん》魔大王《まだいおう》は、倒《たお》れたまま小《ちい》さくうめいた。

「う……っ」

紫炎《しえん》は、上空《じょうくう》から会場全体《かいじょうぜんたい》を見渡《みわた》し、高《たか》らかに告《つ》げた。

「みなの者《もの》！　よく見《み》るがいい！　私《わたし》こそが妖魔界《ようまかい》の新《あら》たな『閻魔大王《えんまだいおう》』だ！　これからは、私《わたし》に従《したが》えーっ！　ククク…ハハハ…フーッハハハハッ！」

16　イツキの真実《しんじつ》

東《ひがし》の陣《じん》で戦《たたか》いを見守《みまも》っていたぬらりひょんが、杖《つえ》をかまえた。

「紫炎《しえん》……貴様《きさま》、許《ゆる》してはおけぬ！」

ぬらりひょんは、怒《いか》りに燃《も》えて紫炎《しえん》に飛《と》びかかったが、紫炎《しえん》が左手《ひだりて》を軽《かる》く前《まえ》に出《だ》すと、空中《くうちゅう》でぴたりと止《と》まってしまった。

「……！」

ぬらりひょんは、紫炎《しえん》がつくった見《み》えないバリアを突《つ》き破《やぶ》ろうと、杖《つえ》でグゲッと押《お》しこむが、簡単《かんたん》にはじき返《かえ》され、地面《じめん》にたたき落《お》とされた。閻魔大王《えんまだいおう》の側近《そっきん》のぬらりひょんを、指一本《ゆびいっぽん》ふれずに倒《たお》してしまうなんて、紫炎《しえん》の強《つよ》さはもう誰《だれ》にも止《と》めることはできない。紫《し》炎《えん》は、シンたちの方《ほう》をふり返《かえ》った。

「！！！」

闘技場《とうぎじょう》のリングに突《つ》き刺《さ》さったままになっていた閻魔大王《えんまだいおう》の剣《けん》がひとりでに抜《ぬ》けて、剣《けん》先《さき》がシンたちの方《ほう》を向《む》く。

「閻魔《えんま》に加担《かたん》した人間《にんげん》ども、お前《まえ》たちもここで消《き》えろ！」

紫炎《しえん》が、指《ゆび》を軽《かる》く動《うご》かすと、剣《けん》がシンに向《む》かってすさまじいスピードで飛《と》んできた。

「シン――ッ！」

シンの横《よこ》にいたイツキが、シンを突《つ》き飛《と》ばして剣《けん》の前《まえ》に出《で》る。

「！！」

ズバッ!!　……と、なにかを貫《つらぬ》くような音《おと》がしたのち、剣《けん》は、東《ひがし》の陣《じん》の柱《はしら》に重《おも》たい音《おと》を立《た》てて突《つ》き刺《さ》さった。

「え……!?」

イツキは衝撃《しょうげき》で倒《たお》れてはいるものの、剣《けん》が貫《つらぬ》いたはずの傷口《きずぐち》から血《ち》は出《で》ていない。

「なにっ!!」

紫炎《しえん》もおどろいてイツキを見《み》る。イツキに突《つ》き飛《と》ばされて倒《たお》れていたシンも、起《お》き上《あ》がって、イツキの胸《むね》から背中《せなか》にかけて貫《つらぬ》かれた大《おお》きな傷口《きずぐち》に、言葉《ことば》を失《うしな》う。

「……」

タエもぼう然《ぜん》としている。イツキの背中《せなか》の傷《きず》は、光《ひかり》を帯《お》びて少《すこ》しずつ小《ちい》さくなっていく。

「俺《おれ》……俺《おれ》……」

閻魔大王《えんまだいおう》の近《ちか》くで倒《たお》れていたぬらりひょんが体《からだ》を起《お》こし、イツキを見《み》て言《い》った。

「イツキ、君《きみ》は……命《いのち》をもたない」

ふさがっていく傷口《きずぐち》を見《み》て、イツキの中《なか》で記憶《きおく》があざやかによみがえってきた。

「シン、タエ……俺《おれ》、思《おも》い出《だ》しちまった……俺《おれ》、もう死《し》んでたんだ……」

××××

あれは、姉《あね》が死《し》んだ日《ひ》のことだった――。

あの日《ひ》、イツキは、姉《あね》を追《お》いかけて、建設現場《けんせつげんば》の階段《かいだん》をてっぺんまで上《のぼ》った。そのとき、姉《あね》を助《たす》けようと懸命《けんめい》に手《て》を伸《の》ばしたイツキは、足場《あしば》の悪《わる》いてっぺんでバランスをくずしてしまったのだ。最後《さいご》の瞬間《しゅんかん》、元《もと》に戻《もど》った姉《あね》は、自分《じぶん》と一緒《いっしょ》に落《お》ちていくイツキを見《み》て、とても悲《かな》しそうな顔《かお》をした……。

「俺《おれ》の体《からだ》も姉《ねえ》ちゃんと一緒《いっしょ》に落《お》ちてしまった。姉《ねえ》ちゃんの魂《たましい》は、玉藻前《たまものまえ》によって吸《す》いこまれたけど、俺《おれ》はそのまま落《お》ちて死《し》んでたんだ」

地面《じめん》に倒《たお》れたイツキの横《よこ》で、姉《あね》の魂《たましい》は妖怪《ようかい》に吸《す》い上《あ》げられていった。イツキは、うすれゆく意識《いしき》の中《なか》でその光景《こうけい》を見《み》ていた。それから、あたりは完全《かんぜん》な暗闇《くらやみ》になった。

イツキの意識《いしき》は、深《ふか》く深《ふか》く死《し》の世界《せかい》へとしずんでいった……。

そこで、イツキはとても不思議《ふしぎ》な体験《たいけん》をした。『ククリ姫《ひめ》』という小《ちい》さな縁結《えんむす》びの神様《かみさま》と出会《であ》ったのだ。ククリ姫《ひめ》は、イツキが姉《あね》の魂《たましい》を取《と》り戻《もど》すまでの間《あいだ》、命《いのち》をレンタルしてくれたのだ。

×××××

エンマ武闘会《ぶとうかい》の闘技場《とうぎじょう》で、イツキは思《おも》い出《だ》したことをすべて、仲間《なかま》たちに話《はな》した。

「じゃあ、イツキは……？」

言《い》いにくそうなシンを見《み》て、イツキはしっかりと答《こた》える。

「ああ。だから俺《おれ》の魂《たましい》は、取《と》ったヤツを倒《たお》しても戻《もど》ってはこないんだ」

「そんな……」

混乱《こんらん》するシンとうらはらに、イツキは落《お》ち着《つ》いていた。さっきから自分《じぶん》の体《からだ》に起《お》きている不思議《ふしぎ》なことが気《き》になっていた。なぜか、光《ひかり》が自分《じぶん》に集《あつ》まってきているような感覚《かんかく》があるのだ。イツキは、あわく光《ひか》る自分《じぶん》の両手《りょうて》を見《み》つめた。

「しかし、なんだこれは……？　不思議《ふしぎ》と力《ちから》がみなぎってくる……」

ぐっと力《ちから》をこめてこぶしをにぎり、イツキは仲間《なかま》たちに号令《ごうれい》をかけた。

「よくわかんねえけど、反撃《はんげき》だ!!」

「うん！」

シンとタエは、イツキの言葉《ことば》にしっかりとうなずいた。

最終章《さいしゅうしょう》　みんなの力《ちから》で!!

17　賢神《けんしん》アマテラスと新《あら》たな妖怪《ようかい》ウォッチ！

イッキを先頭《せんとう》に力強《ちからづよ》い足取《あしど》りで歩《ある》いてくる人間《にんげん》たちを見下《みお》ろして、紫炎《しえん》は眉《まゆ》を上《あ》げた。

「ほう……人間《にんげん》が私《わたし》にはむかうか。よかろう、借《か》り物《もの》の魂《たましい》ごと消《け》してやろう」

そう言《い》うと、持《も》っていた剣《けん》が妖気《ようき》を帯《お》び、ぐいぐい大《おお》きくなっていく！

「はぁーっ!!」

ものすごい勢《いきお》いで斬《き》りかかってきた紫炎《しえん》に、イッキたちはたじろいだ。巨大《きょだい》な剣《けん》がみんなに向《む》かってふり下《お》ろされる。

「！！！」

そのときだった。イッキを中心《ちゅうしん》に謎《なぞ》のバリアが発生《はっせい》し、剣《けん》をはじいた。バリアと巨大《きょだい》な剣《けん》がぶつかり合《あ》った衝撃《しょうげき》で、みんな吹《ふ》っ飛《と》ばされたが、無傷《むきず》だ。

「なにっ！」

紫炎《しえん》が目《め》を見開《みひら》く。シンもタエも、猫又《ねこまた》も河童《かっぱ》も座敷童子《ざしきわらし》も全員《ぜんいん》が倒《たお》れる中《なか》、イッキだけが闘技場《とうぎじょう》のまん中《なか》にしっかりと立《た》っていた。その背後《はいご》から、揺《ゆ》らめきながら巨大《きょだい》な影《かげ》が現《あらわ》れてくる。影《かげ》は紫炎《しえん》をまっすぐに見《み》て言《い》った。

「力《ちから》におぼれるおろか者《もの》！」

イッキはふり返《かえ》って自分《じぶん》のうしろにいる者《もの》を見上《みあ》げる。青《あお》い衣《ころも》に青緑《あおみどり》の髪《かみ》をなびかせ、しゃく杖《じょう》という金属《きんぞく》の杖《つえ》を持《も》っている男《おとこ》の姿《すがた》があった。

「貴様《きさま》は……!?」

紫炎《しえん》もおどろいて見《み》ている。

「あれって守護霊《しゅごれい》？」

離《はな》れたところで立《た》ち上《あ》がったシンがつぶやくと、傷《きず》ついた閻魔大王《えんまだいおう》を支《ささ》えていたぬらりひょんが答《こた》える。

「彼《かれ》を守護《しゅご》しているのは、守護霊《しゅごれい》を超《こ》えた存在《そんざい》だ」

すると、イツキの左腕《ひだりうで》にまばゆい光《ひかり》が集《あつ》まりはじめた。

「！！！」

なんと、イツキの腕《うで》に新《あら》たな妖怪《ようかい》ウォッチ『妖怪《ようかい》ウォッチエルダ神《ジン》』が現《あらわ》れたのだ！

それは、シンのものと同《おな》じ白《しろ》い妖怪《ようかい》ウォッチだが、ふたの部分《ぶぶん》にウォッチを守《まも》るように銀《ぎん》と金《きん》のオオカミが彫《ほ》られていて、中央《ちゅうおう》には小《ちい》さな丸鏡《まるかがみ》がついている。

イツキはぼう然《ぜん》として、自分《じぶん》の腕《うで》にはめられた新《あら》たな妖怪《ようかい》ウォッチを見《み》た。

「これは……？」

「なんと……!?　選《えら》ばれし者《もの》に神《かみ》が与《あた》える神《じん》のエルダか!?」

おどろくぬらりひょんにつづき、体《からだ》を起《お》こした閻魔大王《えんまだいおう》がイツキのうしろにいる者《もの》を見《み》て言《い》った。

「『賢神《けんしん》アマテラス』。かつて妖魔界《ようまかい》の戦乱時《せんらんじ》、大軍《たいぐん》を率《ひき》いた神《かみ》」

「アマテラス……」

「すごい……イッキには、神様《かみさま》がついていたのか！」

タエとシンは、まばたきを忘《わす》れて、目《め》の前《まえ》の光景《こうけい》を見《み》ている。

「神《かみ》が人間《にんげん》を守《まも》っているだと……？」

紫炎《しえん》がいら立《だ》った声《こえ》でつぶやく。賢神《けんしん》アマテラスはイッキを見《み》て言《い》う。

「イッキよ。私《わたし》はお前《まえ》を守護《しゅご》する者《もの》だ。その『エルダ魔導鏡《まどうきょう》』にて私《わたし》の力《ちから》を開放《かいほう》するのだ」

「でも、どうやって？」

その質問《しつもん》に答《こた》えるように、妖怪《ようかい》ウォッチエルダ神《ジン》の中央《ちゅうおう》の鏡《かがみ》が点滅《てんめつ》しはじめた。イッキの脳内《のうない》にこの不思議《ふしぎ》な装置《そうち》についての知識《ちしき》が一気《いっき》に流《なが》れこんでくる！

「……！」

イッキは理解《りかい》して、目《め》を開《ひら》いた。

「わかった！」

そう言《い》って、すばやくエルダ神《ジン》を頭上《ずじょう》でかまえ、サイドのボタンを押《お》す。

「降臨《こうりん》！　賢神《けんしん》アマテラス！　今《いま》こそその力《ちから》を開放《かいほう》せよ！」

すると、イッキの頭上《ずじょう》で、エルダ神《ジン》が強烈《きょうれつ》な青白《あおじろ》い光《ひかり》を放《はな》って輝《かがや》く！　そして、これまで上半身《じょうはんしん》しか見《み》えなかった賢神《けんしん》アマテラスの体《からだ》が、くっきりと下半身《かはんしん》まで姿《すがた》を現《あらわ》す。賢神《けんしん》アマテラスに向《む》かって光《ひかり》がどんどん集《あつ》まってきて、帯状《おびじょう》のオーラとなってまとわりつき、そのオーラがイツキへとつながっていく。紫炎《しえん》は、目《め》の前《まえ》の神《かみ》を見《み》て、不敵《ふてき》な笑《え》みを浮《う》かべた。

「面白《おもしろ》い。貴様《きさま》の力《ちから》、見《み》せてもらおう！」

そう言《い》うと、いきなり飛《と》びかかってくる！　賢神《けんしん》アマテラスは杖《つえ》でその攻撃《こうげき》を防《ふせ》いだが、紫炎《しえん》は、すかさずまた剣《けん》をふり上《あ》げる。賢神《けんしん》アマテラスは杖《つえ》をたくみに操《あやつ》って、紫炎《しえん》の猛攻《もうこう》をかわしていくが、自分《じぶん》からは攻撃《こうげき》を仕《し》かけようとしない。

「どうした？　攻撃《こうげき》のひとつもできないのか」

「あいにく、私《わたし》はあまり戦《たたか》いが得意《とくい》ではなくてな」

「いまさら言《い》いわけか。とんだ神《かみ》だな！」

紫炎《しえん》は、剣《けん》にぐっと力《ちから》をこめて賢神《けんしん》アマテラスににじり寄《よ》る。そして力《ちから》で押《お》し倒《たお》すと、今度《こんど》は上空《じょうくう》へジャンプし、まうしろから攻撃《こうげき》をくり出《だ》す。賢神《けんしん》アマテラスはすばやく上昇《じょうしょう》して身《み》をかわし、上空《じょうくう》で紫炎《しえん》と向《む》き合《あ》った。

「私《わたし》は、力《ちから》をもつ者《もの》を束《たば》ね、率《ひき》いる神《かみ》。では見《み》せてやろう、私《わたし》の力《ちから》を！」

賢神《けんしん》アマテラスは杖《つえ》を前《まえ》に突《つ》き出《だ》した。それに反応《はんのう》して、エルダ神《ジン》のふたが開《ひら》いて、まばゆい光《ひかり》を放《はな》つ。『ゴッドサイド』という声《こえ》がひびく。

賢神《けんしん》アマテラスは、リングのはじにいた猫又《ねこまた》、河童《かっぱ》、座敷童子《ざしきわらし》のほうを見《み》やる。

「お前《まえ》たちも、私《わたし》とともに戦《たたか》うのだ！」

「!?」

猫又《ねこまた》があたふたと賢神《けんしん》アマテラスに言《い》う。

「ええ──っ!! オレっちたちがいても、なんの役《やく》にも……」

だが、とつぜん、つむじ風《かぜ》が巻《ま》き起《お》こり、３妖怪《ようかい》たちは吸《す》いこまれてしまう。

「ニャギャ────ッ！」

スーさんだけはなぜか巻《ま》きこまれずに、ぽかんとしてほかの妖怪《ようかい》たちを見《み》ていたが、猫《ねこ》又《また》、河童《かっぱ》、座敷童子《ざしきわらし》は、くるくるとつむじ風《かぜ》と一緒《いっしょ》に回《まわ》りながら、イツキの妖怪《ようかい》ウォッチエルダ神《ジン》の中《なか》へ。すると、ふたが閉《し》まり、今度《こんど》はそこに彫《ほ》ってある金《きん》と銀《ぎん》のオオカミが光《ひかり》を帯《お》びはじめる。

その光《ひかり》はエルダ神全体《ジンぜんたい》に広《ひろ》がり、２匹《ひき》のオオカミが勢《いきお》いよくぐるぐると回《まわ》りながら、立《た》ち上《のぼ》ってくる。そして、その中《なか》から、３体《たい》の強《つよ》そうな妖怪《ようかい》が姿《すがた》を現《あらわ》した！　最初《さいしょ》に現《あらわ》れた大《おお》きな猫妖怪《ねこようかい》から順番《じゅんばん》に、かっこいいポーズとともに名乗《なの》りを上《あ》げる。

「猫王《ねこおう》バステト！」

「河童王《かっぱおう》サゴジョウ！」

「天狗王《てんぐおう》クラマ！」

猫又《ねこまた》、河童《かっぱ》、座敷童子《ざしきわらし》が『ゴッドサイド』の姿《すがた》に変化《へんげ》したのだ！

シンとタエが目《め》を見張《みは》る。

「すごい！」

「妖怪《ようかい》が進化《しんか》した!?」

猫王《ねこおう》バステトは、古代《こだい》エジプトの王様《おうさま》ふうの金《きん》の衣《ころも》をまとった黒猫《くろねこ》で、二股《ふたまた》にわかれた長《なが》いしっぽの先《さき》には、猫又《ねこまた》よりもずっと大《おお》きな青《あお》い炎《ほのお》がともっている。

河童王《かっぱおう》サゴジョウは、引《ひ》きしまった体《からだ》をしていて、頭《あたま》の皿《さら》から紫色《むらさきいろ》の毛《け》を生《は》やし、三日《みか》月《づき》のような形《かたち》をした刃物《はもの》がついた宝杖《ほうじょう》と呼《よ》ばれる長《なが》い武器《ぶき》をたずさえている。

天狗王《てんぐおう》クラマは、赤《あか》い衣《ころも》をまとい黒《くろ》くとがった帽子《ぼうし》をつけ、赤《あか》い天狗《てんぐ》のお面《めん》をかぶって、手《て》には大《おお》きなヤツデのうちわを持《も》っている。

3体《たい》の妖怪王《ようかいおう》は、賢神《けんしん》アマテラスのうしろにひかえるようにかまえた。

ぬらりひょんは、さっきまで弱《よわ》くて小《ちい》さかった妖怪《ようかい》たちの変化《へんげ》におどろいて言《い》った。

「これがアマテラスの力《ちから》……」

賢神《けんしん》アマテラスが杖《つえ》をふって合図《あいず》すると、まず猫王《ねこおう》バステトが胸元《むなもと》で大《おお》きな火《ひ》の玉《たま》をつくり、紫炎《しえん》に向《む》かって発射《はっしゃ》！　紫炎《しえん》は、次々《つぎつぎ》と放《はな》たれる火《ひ》の玉《たま》を斬《き》り、剣《けん》を両手《りょうて》に持《も》ちかえると、真上《まうえ》から思《おも》いきりたたき斬《き》った。そして反撃《はんげき》に入《はい》ろうとしたが、今度《こんど》は大《おお》きな風《かぜ》が巻《ま》き起《お》こり体勢《たいせい》をくずす。天狗王《てんぐおう》クラマだ！

「なにっ⁉」

天狗王《てんぐおう》クラマがヤツデのうちわで起《お》こした風《かぜ》で、紫炎《しえん》が吹《ふ》き飛《と》ばされる。天狗王《てんぐおう》クラマは、さらに風《かぜ》を強《つよ》める。紫炎《しえん》は押《お》されつつも、全身《ぜんしん》の力《ちから》をこめて剣《けん》をひとふりし、なんとか風《かぜ》を蹴散《けち》らした。だが、休《やす》む間《ま》もなく背後《はいご》から河童王《かっぱおう》サゴジョウが迫《せま》る！

「！」

紫炎《しえん》がふり返《かえ》った瞬間《しゅんかん》、河童王《かっぱおう》サゴジョウは宝杖《ほうじょう》を紫炎《しえん》めがけてふり下《お》ろした。紫炎《しえん》はかろうじて剣《けん》で受《う》けると、力任《ちからまか》せに押《お》し返《かえ》す。河童王《かっぱおう》サゴジョウは、武器《ぶき》をかまえ直《なお》し、ぐるぐると回《まわ》して勢《いきお》いをつけると、三日月形《みかづきがた》の刃先《はさき》から今度《こんど》は水《みず》を発射《はっしゃ》！ 激《はげ》しい水流《すいりゅう》で攻撃《こうげき》されて、紫炎《しえん》はついに地面《じめん》にたたきつけられた。

「うぐっ！」

紫炎《しえん》の小《ちい》さなうめきが闘技場《とうぎじょう》にひびく。賢神《けんしん》アマテラスがふたたび杖《つえ》をふると、河童王《かっぱおう》サゴジョウは攻撃《こうげき》をやめて着地《ちゃくち》した。天狗王《てんぐおう》クラマもつづいて着地《ちゃくち》すると、うちわを高速《こうそく》であおいで、起《お》き上《あ》がろうとする紫炎《しえん》に向《む》かってふたたびつむじ風《かぜ》で攻撃《こうげき》する。

「うっ うわ――――っ！」

紫炎《しえん》の体《からだ》がつむじ風《かぜ》に巻《ま》きこまれ、上空《じょうくう》へと舞《ま》い上《あ》がる。それを旋回《せんかい》しながら上昇《じょうしょう》して猫王《ねこおう》バステトが追《お》う。猫王《ねこおう》バステトは上空《じょうくう》で両手《りょうて》をかざし、またも火《ひ》の玉《たま》を発生《はっせい》させて、紫炎《しえん》めがけて一気《いっき》に放《はな》った！ 5つの火《ひ》の玉《たま》が、前後左右《ぜんごさゆう》から紫炎《しえん》におそいかかる！

「！！！」

火《ひ》の玉《たま》は見事《みごと》に命中《めいちゅう》し、大爆発《だいばくはつ》を起《お》こした。

「……！」

闘技場《とうぎじょう》では、シンたちの横《よこ》で紫炎《しえん》の父《ちち》、閻魔大王《えんまだいおう》が息《いき》をのんで見守《みまも》っている。紫炎《しえん》を包《つつ》む炎《ほのお》が、徐々《じょじょ》に小《ちい》さくなる。その中《なか》で、紫炎《しえん》は怒《いか》りに満《み》ちた顔《かお》を上《あ》げた。

「うぅ…まだまだ……この程度《ていど》で私《わたし》は負《ま》けぬーっ！」

紫炎《しえん》の体《からだ》の内側《うちがわ》から真《ま》っ赤《か》なオーラが爆発《ばくはつ》し、猫王《ねこおう》バステトの炎《ほのお》を一瞬《いっしゅん》で消《け》し去《さ》る。そして、怒《いか》りと憎《にく》しみに満《み》ちた恐《おそ》ろしい目《め》をカッと見開《みひら》くと、紫炎《しえん》はとつぜん苦《くる》しみはじめた。赤《あか》かったオーラが黒色《くろいろ》に変《か》わり、ゴムのように伸《の》びて、紫炎《しえん》の全身《ぜんしん》をぐるぐる巻《ま》きにしてしまった。

「な、なんだこれは⁉」

自分《じぶん》に起《お》きていることが理解《りかい》できず、紫炎《しえん》は恐怖《きょうふ》の叫《さけ》びをあげたが、すぐに顔《かお》まで黒《くろ》いオーラにおおわれてしまった。紫炎《しえん》を包《つつ》みこみ、巨大《きょだい》な繭《まゆ》のようになったオーラのかたまりは、ブヨブヨ変形《へんけい》しながら、闘技場《とうぎじょう》の中央《ちゅうおう》に落《お》っこちてきた。

「……」

妖怪《ようかい》も人間《にんげん》も、その場《ば》にいた全員《ぜんいん》が言葉《ことば》を失《うしな》う。

しばらくすると、黒《くろ》いかたまりは、生命体《せいめいたい》のように立《た》ち上《あ》がり、全身《ぜんしん》から火炎弾《かえんだん》を放《はな》ちながら、むくむくと大《おお》きくなっていく。イツキは後退《こうたい》し、シンとタエも頭上《ずじょう》に飛《と》んでくる火炎弾《かえんだん》をよけるように、しゃがみこんだ。

「わぁ！」

次々《つぎつぎ》と発射《はっしゃ》される火炎弾《かえんだん》は観客席《かんきゃくせき》にもおそいかかり、妖怪《ようかい》たちはパニックになって逃《に》げまどう。混乱《こんらん》の中《なか》で、黒《くろ》いかたまりは少《すこ》しずつ大《おお》きくなって、形《かたち》をつくっていく。

上空《じょうくう》にいた天狗王《てんぐおう》クラマ、河童王《かっぱおう》サゴジョウ、そして猫王《ねこおう》バステトまで火炎弾《かえんだん》のえじきになってしまい、地面《じめん》に落《お》ちたときには、もとの座敷童子《ざしきわらし》、河童《かっぱ》、猫又《ねこまた》に戻《もど》ってしまった。

賢神《けんしん》アマテラスは、バリアを出《だ》して闘技場《とうぎじょう》にいるみんなを守《まも》る。四方八方《しほうはっぽう》へ飛《と》び散《ち》る火炎弾《えんだん》は、会場《かいじょう》の外《そと》へ逃《に》げようとする妖怪《ようかい》たちにもおそいかかり、あちこちで爆発《ばくはつ》が起《お》きる。

妖怪《ようかい》たちは悲鳴《ひめい》をあげて、われ先《さき》にと会場《かいじょう》から出《で》ていく。

そして、火炎弾《かえんだん》がやむと、黒《くろ》いかたまりだったものは、恐《おそ》ろしい怪物《かいぶつ》の姿《すがた》になって、大《おお》きな声《こえ》で吠《ほ》えた。

「ヴァ―――ッ！」

同時《どうじ》に、賢神《けんしん》アマテラスのバリアが徐々《じょじょ》に弱《よわ》まっていく。

「すまぬ、イツキ……」

賢神《けんしん》アマテラスの力《ちから》は限界《げんかい》をむかえ、現《あらわ》れたときと同《おな》じような上半身《じょうはんしん》だけの霊体《れいたい》の姿《すがた》になると、光《ひかり》の玉《たま》に変化《へんか》してそのままイツキの体《からだ》の中《なか》に戻《もど》っていった。

「!!」

賢神《けんしん》アマテラスの力《ちから》を失《うしな》い、闘技場《とうぎじょう》にはシン・イツキ・タエと、スーさん、元《もと》の姿《すがた》に戻《もど》ってしまった猫又《ねこまた》たち、弱《よわ》った閻魔大王《えんまだいおう》、そしてぬらりひょんだけになってしまった。

「なんということだ……」

恐《おそ》ろしい怪物《かいぶつ》を見上《みあ》げて、ぬらりひょんがつぶやく。閻魔大王《えんまだいおう》は悲《かな》しそうに言《い》う。

「もはやあいつは紫炎《しえん》ではない。このままでは妖魔界《ようまかい》そのものを消滅《しょうめつ》させてしまう……」

「どうしたらいいの？」

タエの言葉《ことば》に、ぬらりひょんが答《こた》える。

「紫炎様《しえんさま》の中《なか》の『良《よ》き心《こころ》』を呼《よ》び覚《さ》ますことができれば、あるいは……」

「しかし、妖怪《ようかい》に紫炎《しえん》の結界《けっかい》を越《こ》えることはできぬ」

閻魔大王《えんまだいおう》がそう言《い》うと、イツキが少《すこ》し迷《まよ》ったようにうつむいた。

「俺《おれ》なら……どうなんだ？」

「なに⁉」

「⁉」

シンとタエも、おどろいてイツキを見《み》る。イツキは、強《つよ》いまなざしで閻魔大王《えんまだいおう》のほうに向《む》き直《なお》った。

「死《し》んでいる俺《おれ》なら‼」

「むぅ……」

閻魔大王《えんまだいおう》が考《かんが》えこんでいると、ぬらりひょんが言《い》う。

「確《たし》かにこの者《もの》は『人間《にんげん》』でも『妖怪《ようかい》』でもない。紫炎様《しえんさま》の結界《けっかい》を越《こ》えられるかもしれません！」

「大王《だいおう》よ。俺《おれ》をあの怪物《かいぶつ》の中《なか》に送《おく》りこんでくれ！」

「……」

閻魔大王《えんまだいおう》が考《かんが》えていると、シンとタエが止《と》めに入《はい》る。

「なに言《い》ってるんだ、イツキ！」

「そんなのダメ！」

イツキは仲間《なかま》たちの言葉《ことば》に動揺《どうよう》もせず、大王《だいおう》をまっすぐ見《み》つめている。

「少年《しょうねん》よ。もし憎悪《ぞうお》の中《なか》に紫炎《しえん》を見《み》つけたとしても、失敗《しっぱい》すれば、憎悪《ぞうお》そのものにとらわれてしまう……そうなれば、お前《まえ》は永遠《えいえん》に苦《くる》しみつづけることになるぞ」

「いいんだ。俺《おれ》はもとより、覚悟《かくご》を決《き》めてここに来《き》た。大切《たいせつ》な人《ひと》を救《すく》うためにこの命《いのち》を使《つか》えるなら、くいはない！」

イツキはきっぱりと宣言《せんげん》した。そんなイツキの肩《かた》をシンがつかむ。

「そんなのダメだよ！　絶対《ぜったい》にダメだ!!」

「シン……これは俺《おれ》の役目《やくめ》なんだ」

イツキは、シンの手《て》を力強《ちからづよ》くにぎった。横《よこ》で、タエが声《こえ》をふるわせて言《い》う。

「でも…でも……」

イツキはふたりの大切《たいせつ》な仲間《なかま》を、決意《けつい》の表情《ひょうじょう》で見《み》る。

「……俺《おれ》は、姉《ねえ》ちゃんと、お前《まえ》の母《かあ》ちゃんを救《すく》うためにここに来《き》たんだ。だから、どんなに危険《きけん》でも、戻《もど》ってこられなくても、行《い》く！」

「そんな！　イヤだよ！」

「姉《ねえ》ちゃんを助《たす》けたい！　お前《まえ》もそうだろ！」

「そうだけど…そうだけど……」

シンはぐっとこぶしをにぎり、歯《は》を食《く》いしばる。

「でも!!」

もしイッキが戻《もど》ってこられなかったら……もうイッキと会《あ》えなくなってしまう、そんなのイヤだ。イヤだよ！　……そう叫《さけ》びたかった。しかし、イッキは強《つよ》い目《め》でシンを見《み》た。

「シン!!」

「……」

シンはわかっていた。本当《ほんとう》はイッキだって同《おな》じ気持《きも》ちだ。仲間《なかま》と離《はな》れるのはつらいに決《き》まっている。でも、行《い》かなければならない、やらなければならないんだ。シンは、あふれ出《で》る涙《なみだ》をぬぐった。そして、すべての思《おも》いをこめて、イッキを見《み》た。

「……わかった。でも絶対《ぜったい》、帰《かえ》ってこいよ！」

「ああ」

イツキは力強《ちからづよ》くうなずくと、閻魔大王《えんまだいおう》のほうを向《む》いた。

「大王《だいおう》、頼《たの》む！」

「ヴァァァ――――ッ」

怪物《かいぶつ》は相変《あいか》わらずみにくい雄《お》たけびをあげて、闘技場《とうぎじょう》のまん中《なか》で暴《あば》れている。閻魔大王《えんまだいおう》は、イツキの頭《あたま》のあたりにすっと手《て》をかざした。すると、イツキの体《からだ》がブレるように小刻《こきざ》みにふるえだし、一瞬《いっしゅん》、全身《ぜんしん》が光《ひか》ったかと思《おも》うと、半透明《はんとうめい》の霊体《れいたい》になった。そして、そのまま上昇《じょうしょう》し、向《む》きを変《か》えて、怪物《かいぶつ》の腹《はら》の中《なか》へと消《き》えていった……。

18 空亡《そらなき》、現《あらわ》る！

イツキは、怪物《かいぶつ》の体《からだ》の中《なか》でパッと目《め》を開《あ》けた。内部《ないぶ》は、たくさんの人《ひと》の体《からだ》が折《お》り重《かさ》なるようにしてできていた。とらわれた人間《にんげん》の魂《たましい》の集合体《しゅうごうたい》だ。

「……」

不気味《ぶきみ》なその場所《ばしょ》を見渡《みわた》していると、魂《たましい》のひとつがイツキの腰《こし》にしがみついてきた。周《まわ》りからも次々《つぎつぎ》と手《て》が伸《の》びてくる。

(助《たす》けてくれ〜〜)

(置《お》いていかないで〜)

(いやぁぁ〜)

イツキの耳《みみ》に、魂《たましい》たちの悲痛《ひつう》な叫《さけ》び声《ごえ》が聞《き》こえてくる。

「これが、とらわれた人《ひと》たちの魂《たましい》……」

イツキは、次々《つぎつぎ》としがみついてくる魂《たましい》をふりほどきながら、先《さき》に進《すす》む。

「ってことは、姉《ねえ》ちゃんの魂《たましい》もどこかで苦《くる》しんで……」

立《た》ち止《ど》まって、あたりを見《み》る。すると、上《うえ》の方《ほう》になにかを見《み》つけた。

「!?」

たくさんの人々《ひとびと》の魂《たましい》の奥《おく》に、小《ちい》さな光《ひかり》が見《み》える。

「あれは……!?　紫炎《しえん》の良心《りょうしん》!?」

そのとき、上《うえ》に気《き》を取《と》られていたイッキの体《からだ》に、不気味《ぶきみ》な腕《うで》が巻《ま》きついてきた。とらわれた魂《たましい》がしがみついてきたのだ。あわててふり払《はら》おうとするが、別《べつ》の角度《かくど》からもイッキに腕《うで》がからまってくる。

「うっ……あぁ……！」

あちこちからしがみつかれてしまい、手《て》と足《あし》の自由《じゆう》がきかなくなる。

「ダメだ！　離《はな》してくれ!!」

しかし、さらに別《べつ》の魂《たましい》たちが上《うえ》からのしかかってきて、イッキに向《む》かって叫《さけ》ぶ。

(助《たす》けて〜〜〜！)

イッキは、のっぺらぼうの不気味《ぶきみ》な顔《かお》に向《む》かって力《ちから》をふりしぼって言《い》う。

「すまない。あとで助《たす》ける！　必《かなら》ず助《たす》けてやるから！　今《いま》は行《い》かせてくれ――っ!!」

思《おも》いのたけを叫《さけ》び、力《ちから》いっぱい魂《たましい》たちをふりほどく。こんなところであきらめてなんていられない！　イッキは、スピードを上《あ》げて突《つ》き進《すす》んだ。

そして、ついに紫炎《しえん》の良心《りょうしん》の前《まえ》にたどり着《つ》いた。明《あか》るく丸《まる》い光《ひかり》の中央《ちゅうおう》に、小《ちい》さな光《ひかり》の玉《たま》が星《ほし》のようにきらめいている。その星《ほし》をめがけて、イッキは勇気《ゆうき》をもって進《すす》んでいった。

×××××

闘技場《とうぎじょう》では、うごめく怪物《かいぶつ》をシンたちが見守《みまも》っていた。すると、怪物《かいぶつ》の体《からだ》がとつぜん内《ない》部《ぶ》から光《ひか》り、怪物《かいぶつ》はもがき苦《くる》しみはじめた。

「ヴォー―――ッ！」

「……!?」

シンたちがハッとする。怪物《かいぶつ》の体《からだ》のあちこちがフラッシュのように光《ひか》りはじめる。光《ひかり》は勢《いきお》いを増《ま》し、やがて、怪物《かいぶつ》の全身《ぜんしん》をおおった。

「グオオオオオー――」

大《おお》きくのけぞった怪物《かいぶつ》の全身《ぜんしん》が砂《すな》のようになっていく。激《はげ》しく暴《あば》れていた体《からだ》の動《うご》きがにぶくなり、光《ひかり》も収《おさ》まっていく。そして、頭《あたま》のてっぺんから角《つの》がボロッと落《お》ちたのを合図《あいず》に、巨大《きょだい》な体《からだ》はざーっと一気《いっき》に流《なが》れ落《お》ち、跡形《あとかた》もなくくずれてしまった。

「おおっ！」

閻魔大王《えんまだいおう》が思《おも》わず声《こえ》をあげる。砂《すな》ぼこりが収《おさ》まると、猫又《ねこまた》が喜《よろこ》びの声《こえ》をあげた。

「やったニャー!!」

「イツキ！」

シンもタエもホッとした表情《ひょうじょう》を見《み》せた。イツキが紫炎《しえん》の良心《りょうしん》にたどり着《つ》いて、怪物《かいぶつ》を内《うち》側《がわ》からやっつけたんだ!!　そう思《おも》ったときだった……。闘技場《とうぎじょう》の中央《ちゅうおう》に残《のこ》っていた砂《すな》の山《やま》が、赤黒《あかぐろ》いネバネバの物体《ぶったい》に変化《へんか》して、アメーバのように気持《きも》ち悪《わる》くうごめきはじめた。

そして、それは、大《おお》きくなりながら、上《うえ》へ上《うえ》へとぐいぐい伸《の》びていく。

「え……っ!?」

シンとタエは目《め》をパチクリさせた。怪物《かいぶつ》をやっつけたんじゃないの……？

「失敗《しっぱい》か……」

ぬらりひょんのつぶやきに、シンとタエが眉《まゆ》をひそめる。赤黒《あかぐろ》い物体《ぶったい》は上昇《じょうしょう》をつづけ、空中《くうちゅう》でブヨブヨと渦《うず》を巻《ま》き、地上《ちじょう》に残《のこ》っていた砂《すな》をすべて吸《す》い上《あ》げると、どす黒《ぐろ》い球体《きゅうたい》になった。つづいて、その中央《ちゅうおう》に大《おお》きな目玉《めだま》が出現《しゅつげん》する。さらに、球体《きゅうたい》から竜《りゅう》のようなするどい爪《つめ》をもった触手《しょくしゅ》が生《は》え、渦《うず》を巻《ま》いた雲《くも》のような毛《け》が、みるみる生《は》えてくる。

「……!!」

閻魔大王《えんまだいおう》もぬらりひょんも、そしてシンとタエも、その光景《こうけい》をぼう然《ぜん》として見《み》つめた。

黒《くろ》い怪物《かいぶつ》は、血走《ちばし》った巨大《きょだい》な目玉《めだま》をギロリギロリと左右《さゆう》に動《うご》かして言《い》った。

「……ついに……ついに……私《わたし》は存在《そんざい》を取《と》り戻《もど》した……！」

得体《えたい》の知《し》れないその巨大《きょだい》な怪物《かいぶつ》を見《み》て、ぬらりひょんが言《い》う。

「あれは『空亡《そらなき》』……。紫炎様《しえんさま》の暴走《ぼうそう》の正体《しょうたい》は、空亡《そらなき》だったのか……」

「かつて、妖魔界《ようまかい》を滅亡直前《めつぼうちょくぜん》まで追《お》いこんだ邪悪《じゃあく》の化身《けしん》。あやつが息子《むすこ》の心《こころ》を……」

「イツキはどうなったの？」

タエが不安《ふあん》げにシンを見《み》やる。シンは、大《おお》きな声《こえ》で叫《さけ》んだ。

「イツキ――――ッ!!」

しかし、イツキの姿《すがた》はどこにもない……。空亡《そらなき》は、上空《じょうくう》から妖魔界《ようまかい》を見下《みお》ろした。

「妖魔界《ようまかい》も、つまらぬやからが大量《たいりょう》に繁殖《はんしょく》してしまったようだ。ならば、再創造《さいそうぞう》するしかあるまい」

そのとき、空亡《そらなき》の体《からだ》の一部《いちぶ》に穴《あな》が開《あ》き、小《ちい》さく青《あお》い光《ひかり》が飛《と》び出《だ》してきた！

「なんだ!?」

シンがおどろいて見上《みあ》げると、光《ひかり》は徐々《じょじょ》に人間《にんげん》のような姿《すがた》に変形《へんけい》した。

それは、炎《ほのお》のように赤《あか》い衣《ころも》をまとい、深《ふか》い青色《あおいろ》の髪《かみ》をなびかせた青年《せいねん》。強《つよ》い妖気《ようき》を発《はっ》して、キッと目《め》を見開《みひら》く。

「はぁあ…!!」

シンとタエがあ然《ぜん》としていると、ぬらりひょんがつぶやく。

「紫炎様《しえんさま》の心《こころ》を救《すく》い出《だ》すことに成功《せいこう》したのか」

「しかし、この妖気《ようき》は紫炎《しえん》のものではない。おそらく、あの少年《しょうねん》と紫炎《しえん》の心《こころ》が融合《ゆうごう》した新《あら》たな存在《そんざい》……」

閻魔大王《えんまだいおう》の言葉《ことば》にシンが反応《はんのう》する。

「じゃあ、あれはイツキ⁉　イツキー！」

シンは上空《じょうくう》に浮《う》かぶ新《あら》たな存在《そんざい》『夜叉《やしゃ》エンマ』に向《む》かって叫《さけ》んだ。夜叉《やしゃ》エンマは一瞬《いっしゅん》シンを見《み》やり、すぐに空亡《そらなき》に視線《しせん》を戻《もど》す。

「すさまじい妖気《ようき》です」

ぬらりひょんの言葉《ことば》に閻魔大王《えんまだいおう》がうなずく。

「しかし、かなり揺《ゆ》らいでおる。あれでは長《なが》くはもつまい……」

離《はな》れたところから様子《ようす》をうかがっていた紫炎《しえん》の参謀《さんぼう》の酒呑童子《しゅてんどうじ》が、ふわふわと空中《くうちゅう》に浮《う》かびながら言《い》う。

「あらら〜。面倒《めんどう》なことになったなぁ。部外者《ぶがいしゃ》は退散《たいさん》するとするか」

酒呑童子《しゅてんどうじ》はさっさと姿《すがた》を消《け》した。

空亡《そらなき》は、その不気味《ぶきみ》な目玉《めだま》で夜叉《やしゃ》エンマをとらえた。

「ククク……面白《おもしろ》くなりそうではないか。ならば、場所《ばしょ》を変《か》えて楽《たの》しむとしようか！」

空亡《そらなき》はそう言《い》うと、巨大《きょだい》な妖気《ようき》で、闘技場《とうぎじょう》をすっぽりとおおってしまった……。

19　夜叉《やしゃ》エンマVS《バーサス》空亡《そらなき》！

ここは、シンたちが住《す》む町《まち》、東京《とうきょう》のさくら元町《もとまち》の上空《じょうくう》だ。空亡《そらなき》は、エンマ武闘会《ぶとうかい》の闘技《とうぎ》場《じょう》ごと、みんなを人間界《にんげんかい》へと転送《てんそう》させてしまったのだ。

闘技場《とうぎじょう》は、川《かわ》の近《ちか》くに落下《らっか》して、周囲《しゅうい》の建物《たてもの》を巻《ま》きこんで、こっぱみじんになってしまった。シンたちは、ぬらりひょんが作《つく》ったシールドに守《まも》られて、シンとイツキが出会《であ》った場所《ばしょ》、出逢頭大橋《であいがしらおおはし》の上《うえ》に着地《ちゃくち》した。

シンは、粉々《こなごな》になった闘技場《とうぎじょう》の上空《じょうくう》にいる空亡《そらなき》をにらみつけた。空亡《そらなき》は夜《よる》に現《あらわ》れた不気《ぶき》味《み》な太陽《たいよう》のように、人間界《にんげんかい》を見下《みお》ろすと、町中《まちじゅう》からどす黒《ぐろ》いもやのようなものが空亡《そらなき》に向《む》かって集《あつ》まりはじめた。丸《まる》い体《からだ》が、さらに巨大《きょだい》になっていく。

「すばらしい。人間界《にんげんかい》には、妖魔界以上《ようまかいいじょう》の憎悪《ぞうお》の思念《しねん》がうず巻《ま》いておる！」

力《ちから》をみなぎらせる空亡《そらなき》の姿《すがた》を、シンたちは橋《はし》の上《うえ》からなすすべもなく見上《みあ》げていた。

「もはや、私《わたし》の力《ちから》は無尽蔵《むじんぞう》だ」

空亡《そらなき》の目玉《めだま》が、あざ笑《わら》うようにシンたちを見《み》る。このままでは、人間界《にんげんかい》も妖魔界《ようまかい》も空亡《そらなき》によって消滅《しょうめつ》させられてしまう……。

しかしそのとき、星《ほし》のようなものが空《そら》にきらめいて、空亡《そらなき》に急接近《きゅうせっきん》してきた。激《はげ》しいオーラを放《はな》つ夜叉《やしゃ》エンマだ！

「悪《あ》しき心《こころ》によってふくらんだ力《ちから》など、まやかしに過《す》ぎぬ！」

夜叉《やしゃ》エンマは、『炎魔棍《えんまこん》』というバトンのような武器《ぶき》で、空亡《そらなき》に斬《き》りかかる！　しかし、空亡《そらなき》は触手《しょくしゅ》で剣《けん》をつくりだし、炎魔棍《えんまこん》を受《う》け止《と》める。

「ははは！　もっと来《こ》い！」

夜叉《やしゃ》エンマはすかさず炎魔棍《えんまこん》をかまえる。

「乱舞《らんぶ》・紅華《べにばな》！」

夜叉《やしゃ》エンマは、炎魔棍《えんまこん》を前《まえ》に突《つ》き出《だ》すと、中央《ちゅうおう》のカギ穴《あな》のようなところにアークをさした。すると、夜叉《やしゃ》エンマの髪《かみ》の色《いろ》が深《ふか》い青《あお》から赤《あか》に変化《へんか》し、炎魔棍《えんまこん》の両端《りょうたん》が真《ま》っ赤《か》に燃《も》えさかる炎《ほのお》をまとう。同時《どうじ》に、夜叉《やしゃ》エンマも赤《あか》いオーラを放《はな》ち、炎魔棍《えんまこん》を高速《こうそく》で回転《かいてん》させ、そこから炎《ほのお》をまとった龍《りゅう》『龍燈《りゅうとう》・紅華《べにばな》』が現《あらわ》れた！　紅華《べにばな》は空高《そらたか》く舞《ま》い上《あ》がると、空亡《そらなき》めがけて激《はげ》しい火《ひ》を吹《ふ》いた！　しかし、空亡《そらなき》は剣《けん》で炎《ほのお》を切《き》り裂《さ》く。

「ほう、龍《りゅう》を召喚《しょうかん》したか、よかろう。ならば！」

空亡《そらなき》はそう言《い》うと、体《からだ》の一部《いちぶ》を変形《へんけい》させ、長《なが》くて黒《くろ》い蛇《へび》をつくりあげた。８つの頭《あたま》をもつ伝説《でんせつ》の大蛇《だいじゃ》『ヤマタノオロチ』である。

「ヤマタノオロチよ、すべてを食《く》らうがいい！」

すさまじい勢《いきお》いでおそいかかってくる８つの頭《あたま》の蛇《へび》に対《たい》し、紅華《べにばな》は上空《じょうくう》へ身《み》をかわして火炎《かえん》を吹《ふ》くが、ヤマタノオロチは首《くび》を左右《さゆう》に動《うご》かしてかわす。さらに、上空《じょうくう》に逃《に》げようとする紅華《べにばな》のしっぽにかみつく。

「!!」

もがく紅華《べにばな》の体《からだ》を引《ひ》きずりおろし、ヤマタノオロチの8つの頭《あたま》がいっせいにおそいかかる。そこで、夜叉《やしゃ》エンマは急《いそ》いで炎魔棍《えんまこん》をかまえ直《なお》す。

「絢爛《けんらん》・羅雪《らせつ》！」

夜叉《やしゃ》エンマは、もうひとつのアークを炎魔棍《えんまこん》にさした。今度《こんど》は夜叉《やしゃ》エンマの髪《かみ》が青《あお》くなびき、青《あお》い炎《ほのお》をまとった炎魔棍《えんまこん》を回転《かいてん》させると、そこから氷《こおり》の龍《りゅう》『龍燈《りゅうとう》・羅雪《らせつ》』が現《あらわ》れた。

羅雪《らせつ》は、口《くち》を大《おお》きく開《あ》け、巨大《きょだい》な氷《こおり》のかたまりを発生《はっせい》させると、ヤマタノオロチめがけて放射《ほうしゃ》した！

背後《はいご》から巨大《きょだい》な氷《こおり》のかたまりがヤマタノオロチに直撃《ちょくげき》し押《お》しつぶす。たたみかけるように、上空《じょうくう》から紅華《べにばな》の火炎攻撃《かえんこうげき》！　ヤマタノオロチは、炎《ほのお》に包《つつ》まれて落下《らっか》し、そのまま消《き》えてしまった。

「フハハハハッ！　なかなかやるな。だが、しょせんムダな悪《わる》あがき」

空亡《そらなき》はすぐさま、大《おお》きな剣《けん》を触手《しょくしゅ》からつくりあげた。その剣《けん》は、空亡《そらなき》の目玉《めだま》を守《まも》るように空亡《そらなき》の正面《しょうめん》に浮《う》かび、激《はげ》しい光《ひかり》を放《はな》つ。

「出《い》でよ！　わがしもべ、阿修羅《あしゅら》！　わが剣《けん》となり、目前《もくぜん》の敵《てき》をうて！」

空亡《そらなき》がつくった剣《けん》が、黒《くろ》い光《ひかり》を発《はっ》する！　そして、それは6本《ぽん》の手《て》をもった巨大《きょだい》な『阿《あ》修羅《しゅら》』となって、夜叉《やしゃ》エンマの前《まえ》に立《た》ちはだかった。

阿修羅《あしゅら》は不気味《ぶきみ》に変形《へんけい》をはじめ、巨大《きょだい》な剣《けん》『アシュラ豪炎丸《ごうえんまる》』になると、すぐさま矢《や》のようなはやさで炎《ほのお》を発射《はっしゃ》して、いきなり夜叉《やしゃ》エンマにおそいかかってくる！

「なにっ⁉」

アシュラ豪炎丸《ごうえんまる》から放《はな》たれた炎《ほのお》は、夜叉《やしゃ》エンマの炎魔棍《えんまこん》を包《つつ》み、うばい去《さ》る。炎魔棍《えんまこん》が飲《の》みこまれると、近《ちか》くにひかえていた炎《ほのお》と氷《こおり》の龍《りゅう》も光《ひかり》の粒《つぶ》となって消《き》えてしまった。同時《どうじ》に、夜叉《やしゃ》エンマは、球体《きゅうたい》の炎《ほのお》のおりの中《なか》に閉《と》じこめられてしまった。

「くっ！」

これで、夜叉《やしゃ》エンマは空亡《そらなき》に手《て》も足《あし》も出《だ》せなくなってしまった。

「ハハハハッ」

空亡《そらなき》は、不気味《ぶきみ》に笑《わら》いながら、橋《はし》の上《うえ》にいる閻魔大王《えんまだいおう》とシンたちを見下《みお》ろした。

20 軍神《ぐんしん》スサノオ参上《さんじょう》！

夜叉《やしゃ》エンマがとらわれてしまい、空亡《そらなき》に太刀打《たちう》ちするすべはなかった……。

「クソッ、どうしたら……」

最後《さいご》まで投《な》げんな、そうイツキに言《い》われたことを思《おも》い出《だ》しながら、シンがつぶやく。

すると、遠《とお》くのほうから誰《だれ》かがタエの名《な》を呼《よ》びながら走《はし》ってきた。

「タエ――――ッ!!」

見《み》ると、タエの祖母《そぼ》のキネが、なにかを手《て》に走《はし》ってくる。

「おばあちゃん!?」

キネはタエたちの前《まえ》まで来《く》ると息《いき》を切《き》らせながら、キッと空亡《そらなき》をにらみつけた。

「あの妖怪《ようかい》がすべての元凶《げんきょう》じゃな！」

その間《あいだ》にも夜叉《やしゃ》エンマのおりは、空亡《そらなき》のほうに引《ひ》き寄《よ》せられていく。キネは、腰《こし》にさしてきた剣《けん》をにぎった。

「わしがこの伝家《でんか》の宝刀《ほうとう》『クサナギ』で、成敗《せいばい》してくれるわっ！」

キネは威勢《いせい》のよい声《こえ》をあげて、剣《けん》を引《ひ》き抜《ぬ》いた。

「ええ――っ！」

シンがおどろく。剣《けん》を見《み》て、今度《こんど》はタエが大《おお》きな声《こえ》でキネを止《と》めた。

「おばあちゃん、無茶《むちゃ》よ！」

クサナギは、すっかりさびついてボロボロだ。

「……」

スーさんがじーっとクサナギを見《み》つめている。

河童《かっぱ》と座敷童子《ざしきわらし》も珍《めずら》しそうに剣《けん》の周《まわ》りに集《あつ》まる。

「もしかしてそれは!?」

「伝説《でんせつ》の退魔《たいま》の剣《けん》か！」

猫又《ねこまた》が近寄《ちかよ》ってきて口《くち》をはさむ。

「でもボロボロニャン！」

しかしキネは気《き》にせずに剣《けん》に指《ゆび》を二本《にほん》かざす。

「この剣《けん》、クサナギにかかれば、どのような敵《てき》もひとたまりもないぞ！　見《み》るがよい！

はぁぁぁぁ――――!!」

キネが集中《しゅうちゅう》して気《き》を送《おく》りこむと、ボロボロだった剣《けん》が、徐々《じょじょ》にもとの形《かたち》を取《と》り戻《もど》していく。シンとスーさんがそれを見守《みまも》る。

「おお！　なんかすごい！」

ギイイインッ!!　ゆがんでいた刃《は》が、もとの完全《かんぜん》な形《かたち》を取《と》り戻《もど》した！

「行《い》くぞ！　妖怪《ようかい》めぇ!!」

キネはクサナギをかまえて空亡《そらなき》に飛《と》びかかる！　はずだったが、すぐにつまずいて顔面《がんめん》から思《おも》いきりコケてしまった。

「ふんぎゃっ！」

「おばあちゃん！」

転《ころ》んだはずみで転《ころ》がっていくキネを見《み》て、タエが悲鳴《ひめい》をあげてかけ寄《よ》る。

キネが落《お》とした剣《けん》が、勢《いきお》いでスーさんの近《ちか》くまですべってくる。

「……!?」

上空《じょうくう》では、空亡《そらなき》が余裕《よゆう》の笑《わら》い声《ごえ》をあげる。

「ふふふっ……まずはあの人間《にんげん》どもを始末《しまつ》してやろう！」

「くっ！　やめろ!!」

夜叉《やしゃ》エンマが叫《さけ》ぶが、炎《ほのお》のおりの中《なか》では、どうすることもできない。

空亡《そらなき》の目玉《めだま》から液体《えきたい》が染《し》み出《で》て、しずくになり、そこにエネルギーが集《あつ》まって、光《ひか》り出《だ》す。

「下《さ》がって！」

シンは、タエとキネをかばって前《まえ》に出《で》た。

そのとき、スーさんがクサナギの前《まえ》に来《き》てひざまずき、自分《じぶん》が持《も》っていた小《ちい》さな竹刀《しない》を置《お》いて、代《か》わりにクサナギを手《て》にした。すると、クサナギがぱぁっと光《ひか》りはじめた。

「やっと見《み》つけた……」

スーさんが思《おも》わず涙《なみだ》を浮《う》かべて、小《ちい》さな体《からだ》で大《おお》きな剣《けん》をかかげると、剣《けん》が強《つよ》くまぶしい光《ひかり》を放《はな》って、スーさんの全身《ぜんしん》をおおった。同時《どうじ》に、空亡《そらなき》の攻撃《こうげき》がシンたちに向《む》かって放《はな》たれた。

クサナギをかまえた大《おお》きな影《かげ》が、シンたちの前《まえ》へ飛《と》びこんでくる。

「ムンッ！」

影《かげ》は思《おも》いきり剣《けん》をふり下《お》ろし、空亡《そらなき》のエネルギー弾《だん》を蹴《け》散《ち》らす！

「わが名《な》は、『軍神《ぐんしん》スサノオ』！　わが主《あるじ》に手出《てだ》しは無用《むよう》！」

大《おお》きくてたくましい軍神《ぐんしん》スサノオとなったスーさんが、シンたちを守《まも》るように目《め》の前《まえ》に立《た》っていた。

「主《あるじ》……？　スサノオ……!?　……もしかして、スーさん!?」

シンの問《と》いに軍神《ぐんしん》スサノオはやさしくシンのほうを見《み》やる。そして、剣《けん》を天《てん》に向《む》けて高《たか》くかかげると、大《おお》きな声《こえ》で言《い》う。

「目覚《めざ》めよ！　わが同志《どうし》たちよ！」

すると、剣《けん》から光《ひかり》があふれ、ふたつの方向《ほうこう》へわかれると、そのひとつが、川《かわ》の水辺《みずべ》にいた亀《かめ》のノロに直撃《ちょくげき》した！

「!!」

ノロはおどろいたように首《くび》を上《あ》げると、光《ひかり》を帯《お》びてふわりと浮《う》き上《あ》がり、スピードを上《あ》げて、はるか空高《そらたか》くへと飛《と》んでいく。

そしてもうひとつの光《ひかり》は、町《まち》の広場《ひろば》の猫《ねこ》の銅像《どうぞう》『タマ公《こう》』の上《うえ》に雷《かみなり》のように落《お》ちた。すると、銅像《どうぞう》だったはずの猫《ねこ》が、眠《ねむ》りから覚《さ》めるみたいにぐーんと体《からだ》を伸《の》ばして光《ひか》り、「ニャーーーッ!!」と大《おお》きな声《こえ》で鳴《な》いて、空《そら》に向《む》かってジャンプした。

ノロとタマ公《こう》は光《ひかり》に包《つつ》まれながら、どんどんどんどん大《おお》きくなって、ノロは蛇《へび》と亀《かめ》が一体化《いったいか》したといわれている伝説《でんせつ》の『幻獣《げんじゅう》・玄武《げんぶ》』に、タマ公《こう》は『幻獣《げんじゅう》・白虎《びゃっこ》』へと変化《へんげ》した。

「ブォオオオオ！」

大《おお》きなこうらを持《も》つ玄武《げんぶ》が口《くち》を開《ひら》いて、エネルギーをためると、空亡《そらなき》に向《む》かってビームを放《はな》ち、炎《ほのお》のおりを持《も》っていた空亡《そらなき》の触手《しょくしゅ》を吹《ふ》き飛《と》ばした！

飛《と》ばされたおりの中《なか》で、夜叉《やしゃ》エンマが雄《お》たけびをあげる。

「うおぉおおぉお！」

夜叉《やしゃ》エンマは力《ちから》ずくで炎《ほのお》のおりを破《は》かいした。つづいて、白虎《びゃっこ》が空亡《そらなき》の目玉《めだま》に向《む》かって突進《とっしん》してきた。空中高《くうちゅうたか》くから加速《かそく》して、空亡《そらなき》めがけて急降下《きゅうこうか》してくる！　空亡《そらなき》は、攻撃《こうげき》をかわそうとアシュラ豪炎丸《ごうえんまる》を前《まえ》に出《だ》す。すると、白虎《びゃっこ》は、アシュラ豪炎丸《ごうえんまる》に激突《げきとつ》し、そこから炎魔棍《えんまこん》をえぐるように取《と》り出《だ》して、空高《そらたか》く放《はな》った。

夜叉《やしゃ》エンマが、空中《くうちゅう》でそれをキャッチして、玄武《げんぶ》の背中《せなか》に着地《ちゃくち》する。白虎《びゃっこ》は軍神《ぐんしん》スサノオのもとに戻《もど》る。

「かたじけない！」

軍神《ぐんしん》スサノオに礼《れい》を言《い》う夜叉《やしゃ》エンマに、軍神《ぐんしん》スサノオはにやりとして言《い》う。

「礼《れい》はいらぬ」

ふたりはならんで、空亡《そらなき》に挑《いど》むように向《む》き合《あ》った。

「……ヤツを倒《たお》すにはどうしたらいい……？」

夜叉《やしゃ》エンマの言葉《ことば》に、軍神《ぐんしん》スサノオは豪快《ごうかい》に笑《わら》った。

「はーっははは！　お主《ぬし》は弱気《よわき》になっているようだな。なにごとも気《き》のもちようだ。強《つよ》く願《ねが》えばなんでも叶《かな》う！」

軍神《ぐんしん》スサノオたちを見上《みあ》げていたシンが、その言葉《ことば》を聞《き》いてハッとした。軍神《ぐんしん》スサノオの言葉《ことば》は、お父《とう》さんがいつも言《い》っていた言葉《ことば》だ！

「……まさか、父《とう》ちゃん……!?」

シンは確信《かくしん》した。幼《おさな》いときに死《し》んだお父《とう》さんが、これまでずっと、自分《じぶん》を守《まも》ってくれていたのだと。

軍神《ぐんしん》スサノオは、空亡《そらなき》を見《み》すえた。

「参《まい》るぞ!!」

「ああ!」

夜叉《やしゃ》エンマは炎魔棍《えんまこん》に氷《こおり》のアークをさした! そして、炎魔棍《えんまこん》を回転《かいてん》させながら大《おお》きくふりかぶって、氷《こおり》で攻撃《こうげき》! 玄武《げんぶ》からエネルギー弾《だん》を放《はな》つ!

ビームと氷《こおり》で、空亡《そらなき》の武器《ぶき》と触手《しょくしゅ》を同時《どうじ》に吹《ふ》き飛《と》ばす! しかし、空亡《そらなき》は不気味《ぶきみ》に笑《わら》う。

「ぐはっ、はははははっ!」

そして、目玉《めだま》から出《で》た液体《えきたい》をエネルギー弾《だん》のように放《はな》ち、反撃《はんげき》してくる。触手《しょくしゅ》もすぐに再生《さいせい》をはじめる。白虎《びゃっこ》が前《まえ》に出《で》て、空亡《そらなき》のエネルギー弾《だん》をしっぽではじき返《かえ》す。

またたく間《ま》に空亡《そらなき》との距離《きょり》をつめた軍神《ぐんしん》スサノオに対《たい》し、空亡《そらなき》は触手《しょくしゅ》を再生《さいせい》して剣先《けんさき》をつくりあげると、突《つ》き出《だ》す。しかし、軍神《ぐんしん》スサノオはうまくかわして剣《けん》をふりかぶる。

「はぁっ‼」

軍神《ぐんしん》スサノオは空亡《そらなき》の触手《しょくしゅ》を斬《き》り落《お》とすが、残《のこ》った触手《しょくしゅ》とアシュラ豪炎丸《ごうえんまる》で、空亡《そらなき》もさらに攻《せ》めてくる。軍神《ぐんしん》スサノオは、そのパワーに押《お》されつつも、すばやい動《うご》きで応戦《おうせん》する。

そして、身《み》をひるがえして白虎《びゃっこ》に飛《と》び乗《の》ると、夜叉《やしゃ》エンマ、玄武《げんぶ》とともに猛攻撃《もうこうげき》！

軍神《ぐんしん》スサノオは、白虎《びゃっこ》から勢《いきお》いよく飛《と》んで、剣《けん》をふりかぶった。

「はあっ‼」

アシュラ豪炎丸《ごうえんまる》を持《も》っていた空亡《そらなき》の触手《しょくしゅ》を斬《き》り落《お》とす！　さらに、白虎《びゃっこ》がしっぽで空亡《そらなき》の目玉《めだま》の横《よこ》を思《おも》いきり攻撃《こうげき》し、戻《もど》ったところに、夜叉《やしゃ》エンマが飛《と》び乗《の》って空亡《そらなき》の前《まえ》まで行《い》くと、大《おお》きくジャンプして、炎魔棍《えんまこん》に炎《ほのお》のアークをさす。そして、巨大《きょだい》な炎《ほのお》を空亡《そらなき》に向《む》かって放《はな》った。

ズドオオオンン‼

それは、空亡《そらなき》に命中《めいちゅう》し、体《からだ》の一部《いちぶ》を破壊《はかい》するような大《おお》きな爆発《ばくはつ》が起《お》こった。それを見《み》て、シンが思《おも》わずつぶやく。

「す、すごい……！」

しかし、ものすごい勢《いきお》いで燃《も》えさかる炎《ほのお》の中《なか》から、空亡《そらなき》の笑《わら》い声《ごえ》が聞《き》こえてきた。

「フフフフフッ、フハハハハッ」

「⁉」

軍神《ぐんしん》スサノオも夜叉《やしゃ》エンマも、すぐにまた身《み》がまえた。

「お前《まえ》たちの攻撃《こうげき》は、私《わたし》に届《とど》くことはない」

すると、炎《ほのお》の中《なか》から大《おお》きな剣先《けんさき》が現《あらわ》れ、白虎《びゃっこ》と玄武《げんぶ》の体《からだ》を貫《つらぬ》いた！　２体《たい》の幻獣《げんじゅう》は剣《けん》に貫《つらぬ》かれて、パンッとはじけるように消《き》えてしまった。軍神《ぐんしん》スサノオと夜叉《やしゃ》エンマは、かろうじて空亡《そらなき》の剣《けん》をかわした。空亡《そらなき》の笑《わら》い声《ごえ》が大《おお》きくなる。

「ククク、ハハハハッ……」

地面《じめん》に着地《ちゃくち》した軍神《ぐんしん》スサノオは、くやしそうに奥歯《おくば》をかんだ。

「……」

「どうしたらいいんだ……？」

その姿《すがた》を見《み》ていたシンの妖怪《ようかい》ウォッチが、とつぜん光《ひか》りはじめた。軍神《ぐんしん》スサノオがその光《ひかり》を目《め》のはじでとらえる。

「‼　シン殿《どの》‼」

激《はげ》しく攻撃《こうげき》してくる空亡《そらなき》の剣《けん》をかわしながら、軍神《ぐんしん》スサノオがシンに向《む》かって叫《さけ》ぶ。

「その腕《うで》のもので、人間界《にんげんかい》にいる妖怪《ようかい》の力《ちから》を集《あつ》めてくれ――――っ‼」

「え……腕《うで》のものって、妖怪《ようかい》ウォッチ⁉」

妖怪《ようかい》の力《ちから》を集《あつ》めるって言《い》われても、どうしたらいいかわからない。シンは戸惑《とまど》いつつも、光《ひか》る妖怪《ようかい》ウォッチを見《み》つめた。そして、父《ちち》の言葉《ことば》をもう一度《いちど》思《おも》い出《だ》した。

「なにごとも気《き》のもちよう。強《つよ》く願《ねが》えばなんでも叶《かな》う！」

シンは勇気《ゆうき》を出《だ》して妖怪《ようかい》ウォッチをかまえると、それをにぎりしめて、強《つよ》く強《つよ》く願《ねが》いをこめた。

「みんな――――っ！」

シンの思《おも》いに応《こた》えるように、妖怪《ようかい》ウォッチが光《ひかり》を放《はな》つ！　あたりにすさまじい音《おと》がとどろき、シンの足《あし》もとが光《ひか》り出《だ》す。その迫力《はくりょく》にタエとキネは思《おも》わず後《あと》ずさる。

光《ひかり》の中心《ちゅうしん》に立《た》ち、シンはありったけの思《おも》いをこめて、大《おお》きな声《こえ》で叫《さけ》んだ。

「オレに力《ちから》を貸《か》してくれ――――――っ‼」

その瞬間《しゅんかん》、シンを中心《ちゅうしん》に魔法陣《まほうじん》が現《あらわ》れた。そこから、光《ひかり》の柱《はしら》が天《てん》に向《む》かってまっすぐ一直線《いっちょくせん》に伸《の》びていく！

「!!」

空亡《そらなき》の攻撃《こうげき》で倒《たお》れていた夜叉《やしゃ》エンマが、目《め》を見張《みは》る。

シンの思《おも》いを、その光《ひかり》を見《み》た妖怪《ようかい》たちが、妖怪ウォッチに力《ちから》を送《おく》る。山奥《やまおく》の村《むら》の家《いえ》の屋根《やね》にいた『枕返《まくらがえ》し』が、奥《おく》の山《やま》からは『だいだらぼっち』が、光《ひかり》に向《む》かって妖気《ようき》を発《はっ》する。川沿《かわぞ》いのしげみにいた『けうけげん』と『うんがい鏡《きょう》』も妖気《ようき》を出《だ》す。水面《みなも》から顔《かお》を出《だ》した『にんぎょ』も、強《つよ》く願《ねが》う。神社《じんじゃ》にいた『土蜘蛛《つちぐも》』からも、あぜ道《みち》の『泥田坊《どろたぼう》』と『大《おお》ガマ』からも光《ひかり》の筋《すじ》が伸《の》びてゆく。

みんなの妖気《ようき》が、シンのもとへと集《あつ》まっていく。猫又《ねこまた》と河童《かっぱ》と座敷童子《ざしきわらし》の妖気《ようき》も、ひとつに集《あつ》まっていく。

日本中《にほんじゅう》の、世界中《せかいじゅう》の、人間界中《にんげんかいじゅう》の妖怪《ようかい》たちの妖気《ようき》が、光《ひかり》の筋《すじ》となってシンのもとへ集《あつ》まり、妖怪《ようかい》ウォッチの中《なか》に吸《す》いこまれていく!!

そして、妖怪《ようかい》ウォッチに集《あつ》まった妖怪《ようかい》たちの思《おも》いが、今度《こんど》は軍神《ぐんしん》スサノオの体《からだ》に取《と》りこまれ、その全身《ぜんしん》が光《ひかり》を帯《お》びて、体《からだ》ごと一本《いっぽん》の巨大《きょだい》な剣《けん》に変化《へんか》した。軍神《ぐんしん》スサノオよりも大《おお》きな剣《けん》だ。

「……!!」

閻魔大王《えんまだいおう》が空中《くうちゅう》に浮《う》かぶ剣《けん》を見《み》て、つぶやく。

「神《かみ》の剣《けん》、『アメノムラクモ』だ……」

アメノムラクモは向《む》きを変《か》え、夜叉《やしゃ》エンマが倒《たお》れているビルまで飛《と》んできた。

「フッ！」

夜叉《やしゃ》エンマは、みずからの妖気《ようき》を、その巨大《きょだい》な剣《けん》に巻《ま》きつける。

「フハハハハハ、ムダだぁ！」

空亡《そらなき》は、すべての触手《しょくしゅ》から剣《けん》をくり出《だ》して、アメノムラクモをこわそうとするが、逆《ぎゃく》にアメノムラクモの力《ちから》で破壊《はかい》されてしまい、空亡《そらなき》の方《ほう》がのけぞる。

その間《あいだ》に、アメノムラクモは、夜叉《やしゃ》エンマに合《あ》わせて小《ちい》さくなる。その剣《けん》をしっかりとかまえた夜叉《やしゃ》エンマが、空亡《そらなき》に向《む》かって飛《と》びかかってきた！

「くらえ———っ！　斬無一閃《ざんむいっせん》！」

夜叉《やしゃ》エンマは空亡《そらなき》の目玉《めだま》をめがけて向《む》かう。しかし、剣《けん》がとどく直前《ちょくぜん》に、空亡《そらなき》は目《め》を閉《と》じ、その目玉《めだま》は、硬《かた》いからにおおわれてしまった。

「ぐっ……！」

夜叉《やしゃ》エンマは全身《ぜんしん》の力《ちから》をこめて、剣《けん》を押《お》しこんでいく。すると、剣先《けんさき》がめりこんで、硬《かた》いからにヒビが入《はい》りはじめた。夜叉《やしゃ》エンマは目《め》いっぱいの力《ちから》をこめる。

「ぐっうぉおおおお!!」

体《からだ》を回転《かいてん》させて、空亡《そらなき》の目玉《めだま》へ届《とど》くように、剣《けん》をねじこんでいく。

そして、ついに空亡《そらなき》の体《からだ》を一直線《いっちょくせん》の光《ひかり》が……。

アメノムラクモが、空亡《そらなき》を貫《つらぬ》いたのだ!!

「ぐあぁぁぁ――っ」

大《おお》きなうめき声《ごえ》をあげ、空亡《そらなき》が空中《くうちゅう》で大爆発《だいばくはつ》を起《お》こした。爆発《ばくはつ》と同時《どうじ》に、目玉《めだま》がはるか下《した》へと落《お》ちていく。

爆発《ばくはつ》の衝撃《しょうげき》がやむと、光《ひか》り輝《かがや》くものが、あちこちへ花火《はなび》のように飛《と》びはじめた。シンがぼう然《ぜん》と空《そら》を見上《みあ》げて言《い》う。

「これって……？」

「魂《たましい》だよ！」

タエが答《こた》える。

「魂《たましい》が、解放《かいほう》されたんだよ！　イツキが倒《たお》したんだよ!!」

イツキの姉《あね》の、シンの母《はは》、とらわれたすべての魂《たましい》が解《と》き放《はな》たれていく。

「!?　イツキは？」

シンは、ハッとしてイツキの姿《すがた》をさがす。夜叉《やしゃ》エンマは力尽《ちからつ》きたかのように、空中《くうちゅう》をゆらゆらと落《お》ちてくる。

「イツキ！」

ドボーンッ！　夜叉《やしゃ》エンマは川《かわ》の中《なか》へと落《お》ちていった……。

シンは、手《て》すりにつかまって、身《み》を乗《の》り出《だ》して叫《さけ》んだ。

「イツキ――――ッ！」

それを見《み》ていた閻魔大王《えんまだいおう》が水面《みなも》に手《て》をかざすと、水《みず》の中《なか》に光《ひかり》が出現《しゅつげん》し、夜叉《やしゃ》エンマの体《からだ》が光《ひかり》の玉《たま》に包《つつ》まれて浮《う》かび上《あ》がってきた。

「イツキ!」

「よかったー!」

シンとタエは、ほっとして笑顔《えがお》を見《み》せかけ寄《よ》っていく。

「ハァハァ……」

息《いき》もたえだえの夜叉《やしゃ》エンマに、シンがそっと声《こえ》をかける。

「大丈夫《だいじょうぶ》?」

夜叉《やしゃ》エンマはなんとか起《お》き上《あ》がろうとするが、体《からだ》に力《ちから》が入《はい》らない。

「ぐっ……」

「ムリしない方《ほう》がいいよ」

あたたかい仲間《なかま》たちにむかえられた夜叉《やしゃ》エンマを見《み》て、閻魔大王《えんまだいおう》とぬらりひょんは、光《ひかり》になって消《き》えていった。だがそのとき、タエの足《あし》もとに、こっぱみじんになった空亡《そらなき》の肉《にく》片《へん》が集《あつ》まりはじめていた……。

21　ヤマンバァの正体《しょうたい》！

空亡《そらなき》の肉片《にくへん》は、ぴちゃぴちゃとイヤな音《おと》を立《た》てて集《あつ》まると、サッカーボールぐらいのサイズの肉《にく》のかたまりになった。空亡《そらなき》がその中《なか》からタエたちをじっと見《み》ている。

「ぐぐぐ……道《みち》づれにしてくれるわ――っ！」

とつぜんタエのまうしろから、肉《にく》のかたまりが触手《しょくしゅ》になって、おそいかかってきた。

「……！」

だが、光《ひかり》がタエを守《まも》り、触手《しょくしゅ》をはじき飛《と》ばした！

「なにっ！」

たじろぐ空亡《そらなき》に向《む》かって、光《ひかり》から出《で》てきたなに者《もの》かが、華麗《かれい》なキックをさく裂《れつ》させる！

「浄化《じょうか》！」

それは、美《うつく》しい衣《ころも》をはおって、紺色《こんいろ》の長《なが》い髪《かみ》をなびかせた女神《めがみ》のような姿《すがた》をしていた。

満月《まんげつ》のように丸《まる》い髪飾《かみかざ》りについた鏡《かがみ》が、ピカーッと神々《こうごう》しく輝《かがや》く。

「ぐあぁぁぁ―――っ」

空亡《そらなき》の目玉《めだま》の中心《ちゅうしん》が真《ま》っ二《ぷた》つに裂《さ》けて、細《こま》かく散《ち》り散《ぢ》りになって消《き》えていった。

キネがやってきて、その姿《すがた》を見《み》ておどろく。

「ツクヨミ様《さま》ではないか！」

「え⁉　えぇ⁉　ツクヨミ様《さま》っ‼」

タエはしゃんと姿勢《しせい》を正《ただ》す。『月神《げっしん》ツクヨミ』は、ほほ笑《え》みかけるようにタエを見《み》ると、すぐにもとの光《ひかり》になってしまった。その光《ひかり》がシンたちの目《め》の前《まえ》におりてきたと思《おも》ったら、一気《いっき》にちぢんで、見覚《みおぼ》えのある小《ちい》さな妖怪《ようかい》に姿《すがた》を変《か》えた。ヤマンバァだ。

「バァ」

「ヤマンバァ⁉」

タエとキネは同時《どうじ》に声《こえ》をあげる。キネはその正体《しょうたい》を知《し》ると、ペコペコと頭《あたま》を下《さ》げた。

「な、なんと私《わたし》は失礼《しつれい》なことを！　ツクヨミ様《さま》を邪悪妖怪扱《じゃあくようかいあつか》いしておったとは」

「気《き》にするな。力《ちから》を失《うしな》い、ちぢんでいたバァ。家《いえ》を守《まも》るため戦《たたか》おうとするのは、正《ただ》しいことバァ」

「もしや、タエを守護《しゅご》してくださっていたんですか」

「バァ」

ヤマンバァは笑顔《えがお》でうなずくと、タエの背後《はいご》に飛《と》びこむように、消《き》えてしまった。背中《せなか》越《ご》しに消《き》えていく光《ひかり》を見《み》やり、タエはつぶやいた。

「ツクヨミ様《さま》……」

これで今度《こんど》こそ一件落着《いっけんらくちゃく》。そう思《おも》ったときだった。カンッと音《おと》を立《た》てて、アメノムラクモが地面《じめん》に落《お》ちた。

「!?」

シンがふり返《かえ》ると、夜叉《やしゃ》エンマが苦《くる》しそうに地面《じめん》に手《て》をついていた。

22　ひとまずのさよなら

「イツキー！」

シンがあわてて夜叉《やしゃ》エンマにかけ寄《よ》ろうとすると、その体《からだ》は炎《ほのお》に包《つつ》まれ、シンたちは近《ちか》づけなくなってしまった。炎《ほのお》の中《なか》で夜叉《やしゃ》エンマの体《からだ》は光《ひかり》の粒《つぶ》になって消《き》え去《さ》り、イツキの姿《すがた》が現《あらわ》れた。

「イツキ！」

「……シン、せっかく出会《であ》えたのにごめんな。もう、時間《じかん》のようだ……」

「な、なに言《い》ってるんだよ…」

シンはまぶしい光《ひかり》の中《なか》にいるイツキを見《み》て、言《い》う。

「勝《か》ったんだし、生《い》き返《かえ》れるんだろ？　オレの母《かあ》ちゃんや、お前《まえ》の姉《ねえ》ちゃんと一緒《いっしょ》にさ！」

真実《しんじつ》を受《う》け入《い》れることが怖《こわ》くて、シンは精《せい》いっぱい明《あか》るくふるまう。

「……」

イツキはおだやかな表情《ひょうじょう》で、首《くび》を横《よこ》にふる。

「俺《おれ》は、お前《まえ》たちと一緒《いっしょ》には戻《もど》れない……お別《わか》れなんだ、シン」

「そんな!!」

シンは涙《なみだ》をこらえながら、また明《あか》るい声《こえ》を出《だ》そうとする。

「帰《かえ》ろうよ、イツキ！　オレたち、これからも遊《あそ》ぶんだろ。笑《わら》ったり怒《おこ》ったり、泣《な》いたり……」

懸命《けんめい》に笑顔《えがお》で話《はな》そうとするけれど、目《め》からは涙《なみだ》があふれて止《と》まらない。

「ムリを言《い》うな、シン」

「……せっかく友達《ともだち》になったのに……！　初《はじ》めての友達《ともだち》なのに……なんで…なんで……」

シンはもう明《あか》るくすることも、涙《なみだ》をこらえることもできなかった。イツキに思《おも》いをぶつけて、そのまま泣《な》きくずれてしまう。

「シン……、憎《にく》んでいた妖怪《ようかい》をお前《まえ》が助《たす》けようって言《い》ったとき、『お人《ひと》よしでぬるいヤツ』だって思《おも》った」

シンが泣《な》いたまま顔《かお》を上《あ》げて、イツキを見《み》る。イツキはシンを見《み》つめてつづける。

「でも、お前《まえ》のやさしさが、多《おお》くの妖怪《ようかい》たちを動《うご》かし、世界《せかい》を救《すく》ったんだ」

「オレが……？」

「ああ。そんなお前《まえ》に、俺《おれ》は友達《ともだち》としてふさわしくないよ」

「えっ……」

「だから俺《おれ》さ、エンマ大王《だいおう》になる。お前《まえ》の友達《ともだち》として恥《は》ずかしくないヤツになりたいんだ」

「イツキ……」

シンはイツキの決意《けつい》を聞《き》き、言葉《ことば》をつづけることができなかった。

「……心配《しんぱい》すんな！　ちゃんとエンマ大王《だいおう》になって、人間《にんげん》と妖怪《ようかい》を導《みちび》いてやるさ！　だから……お別《わか》れだ。シン」

「……」

シンは、ただじっとイツキを見《み》つめていた。イツキは初《はじ》めて会《あ》ったときと変《か》わらない、勝気《かちき》そうなほほ笑《え》みを浮《う》かべた。シンはそれでもイツキと別《わか》れたくなくて、ズボンのすそをぎゅっとにぎってイツキに尋《たず》ねる。

「待《ま》って……待《ま》ってよ、イツキ！」

「シン……？」

「オレも、イツキみたいに妖怪《ようかい》になりたい！　オレも妖怪《ようかい》にしてくれよ！」

「……どうかな、今《いま》の俺《おれ》にはそんな力《ちから》はないよ」

「エンマ大王《だいおう》になったらできるんだろ？」

シンの必死《ひっし》な姿《すがた》を見《み》て、タエがつぶやく。

「シン……」

イツキはシンに聞《き》く。

「……本気《ほんき》なのか？」

「うん。妖怪《ようかい》ならずっと生《い》きていられるし、誰《だれ》かと別《わか》れないといけないってこともない。

なにより、イツキと一緒《いっしょ》にいられるだろ？」

強《つよ》くまっすぐに、真剣《しんけん》に頼《たの》むシンに、イツキが折《お》れる。

「そうか……わかった。俺《おれ》がいつか、エンマ大王《だいおう》になれたら、お前《まえ》の願《ねが》い聞《き》いてやるよ。

そのときはむかえに来《く》る」

「ほんと!?」

「ああ、約束《やくそく》だ」

イツキの体《からだ》が光《ひかり》に包《つつ》まれ、徐々《じょじょ》に消《き》えはじめている。もう肩《かた》から上《うえ》しか見《み》えない。

「ありがとう、イツキ……」

そう言《い》って、ようやくにっこりとほほ笑《え》んだシンを見《み》て、イツキもほっとしたように笑《え》みを浮《う》かべた。

「じゃあな。またいつか会《あ》おうな、シン」

頭《あたま》まですべて光《ひかり》におおわれ、もうイツキはほとんど見《み》えない。でも、シンは一生懸命笑《いっしょうけんめいえ》顔《がお》で言《い》う。最後《さいご》にイツキに見《み》せる顔《かお》は、笑顔《えがお》がいい。

「イツキ、離《はな》れていても、オレたちはずっと友達《ともだち》だよ……！」

「ああ。俺《おれ》たちは永遠《えいえん》に友達《ともだち》だ。だから今《いま》は、ひとまずの『さよなら』だ……」

光《ひかり》の中《なか》からイツキの最後《さいご》の声《こえ》が聞《き》こえた。

そうして、光《ひかり》は、花《はな》びらが散《ち》るように消《き》えてしまった……。


妖魔界《ようまかい》では、閻魔大王《えんまだいおう》とぬらりひょんがエンマ宮殿《きゅうでん》に戻《もど》ってきていた。ぬらりひょんが、傷《きず》ついた閻魔大王《えんまだいおう》を支《ささ》えるように玉座《ぎょくざ》に向《む》かって歩《ある》いていると、玉座《ぎょくざ》の鏡《かがみ》がまばゆい光《ひかり》を放《はな》ち、そこに光《ひかり》の玉《たま》が現《あらわ》れた。玉《たま》はおくるみに包《つつ》まれた赤《あか》ちゃんへと変化《へんか》して、ふわふわと玉座《ぎょくざ》のところで浮《う》かんでいる。

「あれは!?」

ぬらりひょんが術《じゅつ》を使《つか》って赤《あか》ちゃんを引《ひ》き寄《よ》せる。

「紫炎《しえん》か⁉」

閻魔大王《えんまだいおう》の問《と》いに、ぬらりひょんは杖《つえ》を使《つか》って赤《あか》ちゃんのオーラを見《み》た。赤《あか》ちゃんは、紫炎《しえん》のオーラと、もうひとつ、別《べつ》の色《いろ》のオーラをまとっていた。

オーラを見《み》て、閻魔大王《えんまだいおう》は言《い》う。

「これは……」

「あの少年《しょうねん》の魂《たましい》が、紫炎様《しえんさま》の魂《たましい》とともに、新《あたら》しい命《いのち》として生《う》まれ変《か》わったようです」

「うむ……」

閻魔大王《えんまだいおう》は、自分《じぶん》の胸《むね》に赤《あか》ちゃんを抱《だ》いた。

「紫炎《しえん》よ……お前《まえ》は生《う》まれ変《か》わったのだな。ならば此度《こたび》こそ真《しん》の王《おう》となるがよい……」

「大王様《だいおうさま》……」

「それとぬらりよ。妖怪《ようかい》ウォッチは葬《ほうむ》っておけ。人《ひと》と妖怪《ようかい》のつながりは、ふたたび、妖魔《ようま》界《かい》に災《わざわ》いをもたらすかもしれん」

「しかし、この危機《きき》を救《すく》ったのも、人間《にんげん》と妖怪《ようかい》のつながりによるものでは？」

「わかっておる……」

「ならば、なぜ？」

「まだ未熟《みじゅく》なのだ、妖怪《ようかい》も人間《にんげん》も……人《ひと》の時代《じだい》が移《うつ》り変《か》わり、いつか人間《にんげん》と妖怪《ようかい》が、真《しん》に手《て》を取《と》り合《あ》うことができる日《ひ》を待《ま》つとしよう」

「御意《ぎょい》」

閻魔大王《えんまだいおう》の大《おお》きな腕《うで》に抱《だ》かれ、赤《あか》ちゃんは無邪気《むじゃき》にほほ笑《え》んだ。

エピローグ

現代《げんだい》、クリスマス・イブ。

出逢頭大橋《であいがしらおおはし》の上《うえ》で、おじいさんになったシンは、イツキのことを思《おも》い出《だ》し、目《め》に涙《なみだ》を浮《う》かべていた。

「……」

冷《つめ》たい雪《ゆき》の舞《ま》い散《ち》る中《なか》、涙《なみだ》がシンのほおをつたう。いつかむかえに来《く》ると約束《やくそく》してくれたイツキ。あの日《ひ》から毎年《まいとし》、冬《ふゆ》が来《く》ると、出逢頭大橋《であいがしらおおはし》にやってきてイツキを待《ま》っているが、60年《ねん》という長《なが》い月日《つきひ》が経《た》っても、イツキはまだ会《あ》いに来《き》てくれなかった。

今年《ことし》も会《あ》えないのだろうか……。

そう思《おも》っていると、とつぜん、川《かわ》がオーロラのような神々《こうごう》しい光《ひかり》を帯《お》びた。雪《ゆき》の結晶《けっしょう》が、キラキラと周囲《しゅうい》に美《うつく》しく舞《ま》い飛《と》ぶ。

「！！！」

ついに、妖魔界《ようまかい》からの船《ふね》『流《なが》れ雅《みやび》』が現《あらわ》れたのだ！　光《ひかり》とともに空中《くうちゅう》に現《あらわ》れ、ゆっくりと近《ちか》づいてくる。そこには、エンマ大王《だいおう》となったイツキがいた。

「おぉ…おぉ……」

再会《さいかい》の喜《よろこ》びにシンはハラハラと涙《なみだ》を流《なが》した。傘《かさ》を持《も》つ手《て》がふるえている。その手《て》にタエがそっと手《て》をそえる。

「やっとですね」

「あぁ」

豪華《ごうか》な船《ふね》は、橋《はし》まで来《き》て止《と》まり、エンマ大王《だいおう》がシンを見《み》た。エンマ大王《だいおう》の体《からだ》がふわりと浮《う》いて、シンたちのいる橋《はし》の上《うえ》におりてくる。赤《あか》い肌《はだ》に黄金色《こがねいろ》の髪《かみ》をしているその姿《すがた》は、イツキではないが、シンにはちゃんとわかる。

「わかる……わかるぞ……！　イツキ、来《き》てくれたんだな」

すると、エンマ大王《だいおう》は、少年時代《しょうねんじだい》のイツキの姿《すがた》になった。シンも、いつの間《ま》にか少年時《しょうねんじ》代《だい》に戻《もど》っている。

「……待《ま》ってたんだよ、イツキ。オレ、ずっと待《ま》ってたんだ……あんまり長《なが》くて、待《ま》ちくたびれたじゃないか」

シンは涙《なみだ》をポロポロとこぼしながら、イツキの胸《むね》を小突《こづ》く。

「ごめんな、待《ま》たせて……」

すると、あたりは夜明《よあ》けのような光《ひかり》に包《つつ》まれ、妖魔界《ようまかい》へ通《つう》じるトンネルが開《ひら》かれた。シンは手《て》すりに上《のぼ》って、そのトンネルを見《み》る。

「すげえ!!　さあ連《つ》れてってくれよ、妖魔界《ようまかい》に！」

「悪《わる》いけど……それはできない」

「え……？」

妖魔界《ようまかい》へのトンネルは、シンの思《おも》いとはうらはらに、急速《きゅうそく》にしぼんで目《め》の前《まえ》から消《き》えてしまった。

「お前《まえ》にはまだ、この世界《せかい》でやらなきゃいけないことがある」

そう言《い》って、イツキは手《て》すりに腰《こし》かける。

「やらなきゃいけないこと？」

「お前《まえ》はこれまで、世界中《せかいじゅう》をかけめぐり、多《おお》くの子供《こども》たちに手《て》を差《さ》しのべ、寄《よ》りそい、希《き》望《ぼう》を与《あた》えてきた。お前《まえ》はホントにすごいヤツだ」

シンがゆっくりと首《くび》を横《よこ》にふる。

「そんな……すごくなんかないよ。オレが逆《ぎゃく》に笑顔《えがお》をもらってたんだ。それに、オレがやれるのもここまでだよ……」

シンも手《て》すりに腰《こし》かける。

「忘《わす》れたのか、シン」

「え!?　……！」

シンは、イツキの言葉《ことば》を思《おも》い出《だ》して、つぶやく。

「最後《さいご》まで投《な》げんな……か」

シンは、もとのおじいさんの姿《すがた》に戻《もど》ると、エンマ大王《だいおう》に向《む》き合《あ》った。

「しかし、私《わたし》の体《からだ》はもう……」

「これから、お前《まえ》には新《あたら》しい道《みち》が示《しめ》される」

「新《あたら》しい道《みち》？」

「そうだ。そして、お前《まえ》はこれからも、もっと多《おお》くの子供《こども》たちを救《すく》えるだろう」

エンマ大王《だいおう》はきっぱりとした口調《くちょう》で言《い》う。

「まだ、つづけられるということか？」

「最後《さいご》まで投《な》げんな！　人生《じんせい》まだまだ捨《す》てたもんじゃない」

エンマ大王《だいおう》の言葉《ことば》が、シンにはイツキが言《い》っているようにひびいた。

「じゃあな」

そう告《つ》げて、エンマ大王《だいおう》はふわりと飛《と》んで船《ふね》の上《うえ》に戻《もど》ると、船《ふね》はゆっくりと夜空《よぞら》へ浮《う》かび上《あ》がった。シンとタエは、手《て》すりにつかまって、その姿《すがた》を見《み》ている。

船《ふね》の上《うえ》から、エンマ大王《だいおう》はシンにほほ笑《え》みかけた。

そして船《ふね》は、夜空《よぞら》に溶《と》けこむように消《き》えていった。

「イツキ――ッ！」

キラキラと輝《かがや》いていた雪《ゆき》の結晶《けっしょう》が、もとの雪《ゆき》に戻《もど》って、シンの声《こえ》をかき消《け》すように降《ふ》りつづく。

「あなた……」

タエがシンにやさしく声《こえ》をかける。シンはタエを見《み》ると、ほほ笑《え》んでうなずいた。

「イツキはたくさんのことを教《おし》えてくれた……友達《ともだち》とはなにか、勇気《ゆうき》とはなにか……」

シンはタエと一緒《いっしょ》に明《あか》るい顔《かお》で夜空《よぞら》を見上《みあ》げる。

雪《ゆき》の中《なか》を少年《しょうねん》だった自分《じぶん》たちの思《おも》いが、キラキラと飛《と》んでいるように思《おも》える。イツキの横《よこ》にならんでシンの思《おも》いが飛《と》ぶ。

「信《しん》じてるぞ！　最後《さいご》まで投《な》げんな！」

「ああ。なにがあってもオレは最後《さいご》まで投《な》げない。約束《やくそく》する！」

シンの頼《たの》もしい顔《かお》を見《み》て、イツキはにっこりとほほ笑《え》んだ。

イツキ、お前《まえ》はオレの最高《さいこう》の友達《ともだち》だ……この先《さき》もずっと……。

《おわり》

〈話題の映画&アニメノベライズシリーズ〉

アイドル×戦士 ミラクルちゅーんず!
あさひなぐ
兄に愛されすぎて困ってます
あのコの、トリコ。

一礼して、キス
イナズマイレブン アレスの天秤 全4巻

ういらぶ。
海街diary
映画くまのがっこう パティシエ・ジャッキーとおひさまのスイーツ
映画プリパラ み~んなのあこがれ♪ レッツゴー☆プリパリ
映画妖怪ウォッチ 空飛ぶクジラとダブル世界の大冒険だニャン!
映画妖怪ウォッチ シャドウサイド 鬼王
おまかせ!みらくるキャット団 ~マミタス、みらくるするのナ~
小説 おそ松さん 6つ子とエジプトとセミ
怪盗グルーの月泥棒
怪盗グルーのミニオン危機一発
怪盗グルーのミニオン大脱走
ミニオンズ
怪盗ジョーカー 開幕!怪盗ダーツの挑戦!!
怪盗ジョーカー 追憶のダイヤモンド・メモリー
怪盗ジョーカー 闇夜の対決!ジョーカーVSシャドウ
怪盗ジョーカー 銀のマントが燃える夜
怪盗ジョーカー ハチの記憶を取り戻せ!
怪盗ジョーカー 解決!世界怪盗ゲームへようこそ!!

がんばれ! ルルロロ
境界のRINNE 謎のクラスメート
境界のRINNE 友だちからで良ければ
境界のRINNE ようこそ地獄へ!
くちびるに歌を
グリンチ

劇場版アイカツ!
劇場版ポケットモンスター キミにきめた!
劇場版ポケットモンスター みんなの物語
心が叫びたがってるんだ。
坂道のアポロン
貞子VS伽椰子
真田十勇士
ザ・マミー 呪われた砂漠の王女
ジュラシックワールド 炎の王国
ジュラシックワールド O
SING シング

次はどれにする? おもしろくて楽しい新刊が、続々登場!!